나사렛 선언

나사렛 선언

정용성 지음

이론편

홍성사

이 책을 영적 은사이자 아버지 되신
故 김덕신 목사님께 바칩니다.

차례

펼치는
글_____

'왜 교회가 커야 하나?' 1980년대 후반, 신학교에 입학하면서 마주친 화두이다. 스코틀랜드에서 6년 동안 유학하면서 신약 가정 교회에 대한 학위 논문을 쓰고 이후 신학교에서 강의하고 또 목회를 하면서, 어떻게 기성 교회를 가정 교회와 같은 모습으로 변화시킬까 고민하였다. 교회 성장의 열매를 나누는 방법, 즉 분립 개척을 그 해답으로 얻었고, 실행하였다. 여러 해 전 교회를 개척하면서 자기반성과 방향 모색을 하였다. 하나의 성경적 대안으로 '의도적인 작은 교회론'을 이 땅의 고뇌하는 그리스도인들과 나누고 싶었다.

한국 교회에 변화가 필요하다는 생각은 누구나 할 것이다. 이 책은 변화를 모색하는 분들과 진솔하게 나누고자 하는 하나의 대안이다. 대안 없는 비판은 냉소적이고, 비판 없는 대안은 맹목적이다. 이 둘의 끝자락에는 허탈함만 기다리고 있다. 밝은 면과 어두운 면을 서로 더하고 빼서 절충과 타협을 통해 문제를 해결하려고 하는 개량주의도 함정이다.

이 책은 비판적 문제의식으로 창의적 대안을 제시하고자 한다. 이것만이 유일한 대안은 아니다. 대안을 제시함은 개선이 아닌 변혁을 위함이다. 그 대안은 하나님 나라 생태계 회복이다. 이 생태계는 경쟁을 통해 승자와 패자를 만들거나 적자생존의 법칙이 적용되는 곳이 아니다. 공존과 평화가 이루어지는 나사렛 예수의 복음 생태계이다. 이사야 11장 1-10절은 이 하나님 나라의 생태계를 묘사한다. 둥치가 잘리고 줄기가 꺾여도 생장점이 있으면 가지와 싹을 낸다. 그 가지와 싹이 생태계 회복의 원천이다. '가지'나사렛인 예수의 삶을 모델로 삼아 하나님 나라 생태계 회복이 한국 교회에 이루어지기를 바란다. 혹독한 비판은 내가 짊어질 몫이고, 유익한 통찰은 독자의 덕으로 돌린다. 변화를 위한 동기가 돋아나길 기도한다.

이 책은 매주 금요일 오전에 성경을 공부하는 또래 목회자들에게 '나사렛 선언'눅 4:16-30을 발제하기 위해 쓴 글이 그 씨앗이다. 이 본문은 연구도, 설교도 많이 했다. 그런데 한 가지 질문이 뇌리에서 떠나지 않았다. '하필이면 예수님은 왜 나사렛 회당에서 사역을 시작했는가?' 이 질문을 바탕으로 나사렛 탐구는 끊임없는 질문을 낳았으며, 나사렛과 예수의 신원, 사명 그리고 나사렛과 교회 사이의 성경적 연결 관계를 탐구하게 했다. 그 결과 '나사렛 선언에 대한 연구'라는 성경 주해 연구물이 탄생하였다. 그 연구물을 더 자세하게 풀어서 이 책을 썼다.

개척 교회를 할 수 있는 상황을 만들어 준 모든 분께 감사를 드리고 싶다. 어렵고 힘든 상황에서도 풍경이있는교회를 함께 가꿔 온 풍경 식구들에게 깊은 감사를 드린다. '의도적 작은 교회'를 하나님이 원하시는 풍경으로 가꿔 갈 모든 분께 이 책을 드린다.

작은 것이 아름답다

〈심슨 가족The Simpsons〉이라는 전형적 미국 중산층 가족을 소재로 한 애니메이션 시트콤이 있다. 미국 폭스 사가 1989년부터 지금까지 상영하며 시청자들을 텔레비전에 붙잡아 두고 있다. 이 시리즈는 미국 중산층의 삶의 방식을 묘사하는데 5명의 가족 구성원이 보여 주는 미국 문화와 사회 그리고 종교를 비롯한 인간 조건을 풍자한다.

이 시트콤을 소재로 미국 언론인 마크 핀스키Mark I. Pinsky가 《심슨 복음The Gospel according to The Simpsons》이라는 책을 썼고 성경공부 교재를 만들어 출간하였다. 그런데 이 책의 부제가 'Bigger and Possibly Even Better!'크면 클수록 더 좋다이다. "부제를 이렇게 달게 된 동기가 무엇이냐?"고 핀스키에게 메일을 보냈더니 편집자가 그렇게 붙였고, 미국 중산층의 종교 생활에서 볼 수 있는 전형적인 기독교의 모습이라고 했다. 심슨이 보여 주는 기독교는 좋은 의미로 채워져 있지만 실제 생활에 영향을 주지 못하는 종교일 뿐이다.

'큰 것'을 추구하는 일반적인 경향은 캐나다 가수 넬리 퍼타도Nelly Furtado의 곡 〈Big Hoops (Bigger The Better)〉에 잘 나타난다. 이 곡은 "크면 클수록 좋다"The bigger the better를 마흔 번 이상 반복한다. 크면 클수록 좋다!

한국 교회를 위한 애수哀愁　세상의 모든 가치가 큰 차, 큰 아파트, 큰 학교, 큰 학원, 큰 회사, 큰 사람에 집중되어 있다. 모두 크려고 한다. 교회도 크려고 한다. 개척 교회로 시작해서 어떻게든 크려고 한다. 건물을 짓고, 시설에 투자하고, 교인 수를 늘리고, 재정을 확보하고, 프로그램을 개발하고, 대중 매체에 교회와 목회자의 이름을 알리려고 안간힘을 쓴다. 대형화된 교회가 신학생과 목회자의 로망이다.

대형화와 성공지상주의를 추구하여 온 한국 교회의 현실을 무엇이라고 대변할 수 있는가? '목회 생태계의 파괴'이다. 생존survival은 현상 유지를 위한 몸부림이지만, 부흥revival은 다시 살아나는 것이다. 대형 교회로 성장하는 것은 부흥이 아니라 쇠퇴의 증거이다. 교회의 생태계가 파괴되고 있다는 증거이다. 진정한 부흥은 공존과 평화의 생태계가 복원되면서 내적이자 본질적인 생명력이 살아나는 현상이다. 생태계는 생명이 자랄 수 있는 환경이다. 생태계의 파괴는 약육강식과 자연 도태와 적자생존의 균형과 조화가 경쟁과 포식을 통해 파괴되었음을 의미한다. 목회의 생태계가 파괴되었다는 말은 경쟁과 포식을 통해 목회 현장의 균형과 조화가 파괴되었음을 의미한다. 그 결과는 무엇인가? 성장이 멈추고 침체에 빠졌다. 생존할 수 있는 생태계가 파괴되어 복원력을 상실하고 황폐해져 가고 있다.

한국 교회는 침몰하는 배와 같다. 전반적인 지표와 대중 매체에서 다루어지는 한국 교회의 신호등은 녹색이 아닌 적색이다. 목회 환경 자체가 급속하게 파괴되고 있다. 위기의 징조와 상황을 다음과 같이 정리할 수 있다한국 교회의 미래에 대한 대표적인 세 가지 리포트 참조. 최윤식, 2013; 정재영, 2012; 한목협, 2013.

하나, 종교 생활에 대한 통계청의 발표는 기독교의 급격한 쇠퇴를 나타낸다. 예장통합 총회 통계위원회 보고에 따르면 전체 교인 수가 2012년 말 기준으로 전년 대비 41,596명 감소했다. 기독교대한성결회는 2012년 총회 때 신도 수가 1만여 명 늘어났다고 보고했지만, 2013년 총회를 앞두고는 57만여 명에서 55만 442명으로 2만여 명 감소했다. 한국기독교장로회도 전체 교인 수를 2012년보다 8,201명 줄어든 29만 7,752명으로 보고했다. 2006년 통계청 종교인구 발표에서 개신교 인구는 10년1995~2005년 동안 876만에서 861만으로 14만 4천 명, 약 2퍼센트가 줄었다. 반면 천주교회는 295만에서 514만으로 78퍼센트 성장했다. 둘, 교회 건물의 법원 경매 물건의 뚜렷한 증가세. 대형 교회 매물로 등장. 셋, 개척 교회 5년 생존율이 3

퍼센트. 넷, 서울 주요 대학교 신입생 중에 기독교인은 3퍼센트. 다섯, 대형 교회로 수평이동의 본격화. 여섯, 한국 교회의 세계 선교 출구전략 논의2012 제9회 방콕포럼. 일곱, 2030년에 기독교 인구 400만 명이라는 예측. 여덟. 신대원 졸업생들의 전통적인 목회 현장 종사율은 12.5%. 목회자 후보생들의 신학교 졸업 이후의 활동과 생계는 사회적 안전망에서 제외. 아홉, 통일 준비가 되지 않은 한국 교회에 통일은 대박이 아닌 쪽박이다. 열, 한국 교회에 교인 500명 이상의 교회는 5% 미만이다. 열하나, 종교 사회학적으로 GNP 3만 달러 시대에 종교 인구의 급격한 감소 예측과 대체 종교의 성장 그리고 주 5일제 근무로 교회 출석 교인의 감소가 탈교회화 인구를 가속화.

이상이 한국 교회의 현주소이다. 한국 교회는 이러한 위기에 대안이 있는가? 교단을 비롯한 기독교 대표 기관들이 이러한 위기 상황을 예측하고 준비하고 있는가? 위기를 인식하고 대안을 마련할 능력이나 태도가 갖추어져 있는가? 그렇지 않다면 어떻게 해야 하는가? 미래학자 최윤식 박사의 예측대로 2040년까지 한국 교회가 쇠퇴한다면, 그리고 그 시기에 통일이 된다면 한국 교회는 위기 상황에 연착륙할 것인가 아니면 경착륙할 것인가? 어떻게 위기를 극복할 것인가? 이러한 총체적인 위기 상황에 중대형 교회들이 감내해야 할 부담은 더욱 더 가중될 것이다. 개척 교회와 소형 교회들은 생존을 위한 몸부림을 쳐야 할 것이다.

나사렛 운동, 작은 교회 운동　　나는 작은 교회 운동을 대안으로 제시한다. 어쩔 수 없는 작은 교회가 아닌 의도적 작은 교회가 대안이다. 교회의 생태계를 복원하기 위해 이때까지 한국 교회가 의식적·무의식적으로 추구하여 왔던 성장 위주의 방향을 거스르는 반전이 필요하다. 살아 있는 물고기가 강을 거슬러 올라가듯이, 이 세상의 가치와 조류에 휩쓸리지 말고 세대를 거슬러 갈 때에 대안이 있다. 한 교회가 몸집을 불려서 집단의 아성이나 스타 목사의 성채 만들기를 그만두고, 거룩한 공교회의 모습을 회복하는 방향이 살 길이다. 공존과 협동을 통해서 이 땅에 하나님 나라를 이루어 가는 하나님 통치의 전시장이자 통로가 되도록 몸부림치는 모습이 희망의 바탕이다. 의도적 작은 교회를 통해 '크면 클수록 좋다'는 세상의 가치와 방향을 거슬러서 '작은 것이 아름답다'라고 천명하는 것이 한국 교회 생태계의 대안이다. '작은 것'이 얼마나 가치 있고, 어떤 모습으로 타당성을 가질 수 있는지, 어떻게 운용해야 하는지 깨달으면 대안 공동체의 그림이 그려진다. 주변부에 놓인 신앙 공동체가 핵심 가치를 확고하게 붙잡고 변혁의 생동력을 가지면, 한국 교회 생태계는 복원되고 하나님의 교회다운 모습을 되찾게 될 것이다.

한국 교회의 문제는 신학이나 프로그램, 콘텐츠나 교회 안팎의 인프라에 있지 않다. 기도하지 않거나 성경을 읽지 않아서도 아니다. 교회 출석률이 저조해서도 아니다. 한국 교회처럼 열정적으로 신앙생활하는 곳은 찾아보기가 힘들다. 그러면 무엇이 문제인가? 근본적인 문제는 열정이 아니라 '관점'과 '방향'에 있다. 한국 교회의 결정적인 문제는 가현설적 교회론이다. 즉 물리적 환경은 개의치 않고, 오직 추상적이고 사변적인 신학적 개념으로 목회의 실제를 이해하고 실천하고 있다. 예배와 직제와 성례를 구체화할 때에 교회를 구성하고 있는 물리적 환경에 대한 신학적 탐구와 사회학적 성찰이 거의 없다. 주어진 환경을 그대로 받아들이거나 아니면 건물이나 시설을 더 안락하게 개선하려고 한다.

교회는 하나님의 진리를 구체적으로 표현하는 무대이다. 그러나 진리를 담는 그릇이 진리를 구현할 수 없는 규모이면 올바르게 표현될 수 없다. 교회를 담는 물리적 그릇의 크기가 어느 정도여야 적합한지 심각하게 고민해야 한다. 교회의 기본적인 개념 중에 하나가 '하나님의 가족'이다. 가족은 얼굴과 얼굴을 마주 대하는 공동체이다. 그 범위를 넘어서면 교회는 조직이 된다. 자칫 잘못하면 교회는 '가족家族의 동아리'가 아니라 '가축家畜 우리'가 된다. 그러한 교회는 양육이 아닌 사육을 할 수밖에 없다.

예수의 메시지가 어떤 물리적 환경에서 가장 적합하게 적용되고 실현되는지 고민하지 않는 성서학자와 목회자들이 너무나 많다Holmberg 1980; Scroggs 1986. 예수의 메시지는 가족 공동체에 가장 적합하게 적용되고 구체적으로 실현된다. 예수는 군중이 아닌 제자들과 더불어 공생애를 보내셨고, 제자 공동체에 맞는 메시지를 주셨다. 예수의 관심은 떼거리로 모여드는 무리가 아닌 '작은 무리'에 있었다눅 12:32.

왜 예수는 작은 무리에 관심을 기울이셨고, 작은 무리의 운동을 시작하셨는가? 예수의 신원과 사명 자체가 '작은 것'에 있었다. 예수는 나사렛이다. 나사렛은 지명이 아닌 예수 자신의 신원과 사명을 나타내는 메시아적 칭호이다. 나사렛은 '가지'이다. 나무 둥치가 잘려 나가고, 그 줄기에서 나오는 가지이다사 11:1. 예수의 사역과 예수 운동의 전개 과정을 성경적으로 살펴보면 그 특징은 '작은 것'에 있다. 예수 운동의 특징을 드러내는 핵심 개념은 '나사렛'과 '주변부 반란'과 '가치 혁명'이다. 이 세 가지 핵심 개념을 통해 예수의 하나님 나라 운동은 '대저 물이 바다를 덮음과 같이 여호와를 아는 지식이 온 세상에 충만하리라'사11:9는 이사야의 비전을 성취하고 있다.

한국 교회가 직면하고 있는 문제들은 예수께서 하나님 나라 복음 사역을 하실 때에 거의 비슷하게 직면했던 문제였다. 종교와 정치의 결탁, 거대한 성전 건축, 성전을 중심으로 회당 제도를 통하여 거대 조직의 네트워크 형성대형 교회와 지교회 형성, 율법의 법제화교회 헌법과 제도들, 직제의 세습과 부패, 부와 권력의 불균형 등. 예수는 어떻게 이러한 사회·정치·경제적인 구조 속에서 하나님 나라 운동을 시작하셨고, 진행시키셨는가? 예수의 방식은 나사렛까지의 가치 혁명을 통한 숲의 복원 운동이다. 예수의 나사렛 사상은 하나님 나라 운동의 모델이고 원리를 제시하여 준다.

예수와 나사렛 ― 예비적 고찰　어떻게 해서 나사렛이 예수의 신원 그리고 하나님 나라 사역과 관계가 있는가? 의도적 작은 교회는 어떤 연결고리를 가지고 있는가? 나다나엘은 예수가 메시아라는 메시지에 "나사렛에서 무슨 선한 것이 나겠는가?"[요 1:45-46]라고 반문한다. 대제사장 아나니아와 유대인 변호사 더둘로는 사도 바울이 나사렛 이단의 우두머리라고 유대 총독 벨릭스에게 고소한다[행 24:5]. 예수와 그 제자들을 제외한 당시 유대인에게 나사렛은 부정적으로 인식되어 있었다.

초기 기독교가 나사렛 예수의 복음을 전할 때에 직면하고 극복해야 할 걸림돌 중 하나가 예수가 갈릴리 나사렛 출신이라는 점이다. 초기 기독교는 예수가 나사렛 사람임을 은폐하거나 기피하지 않고 적극적으로 천명하였다. 약점을 강점으로 활용하였다. 예수님은 자신을 '나사렛 예수'라고 하였다. 예수의 죽음 이후 예수의 가족을 중심으로 한 팔레스타인 기독교는 나사렛에 정착하여 복음 전도 활동을 왕성하게 펼쳤다.

어떻게 이러한 인식 전환과 가치 변혁이 일어날 수 있었는가? 예수와 예수의 추종자들에게 나사렛은 무엇이었는가?

1. 왜 유대인들은 '나사렛에서 무슨 선한 것이 나오겠느냐?'라고 생각했을까? 나사렛은 존재감이 있었던가? 아니면 하찮은 고을이었는가? 갈릴리와 나사렛에 대한 대중적인 인식은 어떤가?

2. 요셉과 마리아는 다윗 지파인데 왜 나사렛에 정착하였는가?
   마태복음 2장 23절에 따르면 예수가 나사렛인이라 칭함을
   받는다는 예언이 있다. 구약 어디에 그런 예언이 있는가?

3. 왜 예수는 자신의 사역의 출발점을 나사렛으로 삼았는가?
   나사렛 회당에서의 선언은 어떤 비전과 가치를 천명하는가?
   나사렛은 예루살렘, 나아가 로마, 땅끝과 어떤 지리적 관계가
   있는가? 회당과 예루살렘 성전은 어떤 관계가 있는가?

4. 예수는 왜 '나사렛 예수'를 자신의 칭호로 삼았는가?
   나사렛은 출신 지역을 의미하는가 메시아적인 칭호인가?
   누가판 예수 족보는 예수의 신원 이해에 어떤 역할을
   하는가?

5. 나사렛 사상은 구약과 유대교에서 어떻게 발전하였는가?
   이사야 1장 1-11절은 1세기 메시아 사상에 어떤 역할을
   하는가? 나사렛, 즉 가지와 순에서 비롯된 나무와 숲의
   비전은 성경에서 어떻게 발전되는가?

6. 바울은 왜 나사렛 이단의 우두머리라고 고소를 당하는가?
   초대 교회 또는 유대교에 나사렛파가 있었는가? 예수 이후에
   나사렛은 초대 교회에 어떤 역할을 하였는가? 예수의
   친족들은 왜 나사렛에 정착하여 선교 활동을 하였는가?

7. 나사렛은 21세기 한국 교회에 어떤 교훈을 제시하는가?

이러한 문제들에 답하기 위하여 역사적으로 나사렛은 어떤 곳이었는지를 살펴보고[1장], '나사렛'의 의미를 규명한 이후[2장], 성경의 전반적 흐름 속에 나사렛의 의미를 통찰하면서 나사렛이 어떻게 역사 속에 부각되었는지 파악하고[3장], 예수님의 나사렛 선언이 어떤 함축적 의미를 담고 있는지 본문 주해를 통해 밝히고[4장], 예수께서는 왜 나사렛에서 사역을 시작하였는지 살펴보고[5장], 21세기 한국 교회에서 나사렛은 어떤 의미가 있는지 그 현재적 적용과 새로운 부흥운동의 모델로서 나사렛 운동을 살펴보겠다[6장].

1장

나사렛은 어떤 마을인가

예수 당시의 나사렛은 아주 작은 동네이다. 고고학적 발견을 토대로 학자들은 인구 100명 이상 200명 이하 규모에 서른 가구 정도 모여 살았던 시골 마을로 본다. 고급 주택의 흔적도 없고, 부드러운 석회암 위에 세워진 형태로 고대 근동 지역에서 가난한 사람들이 살았던 전형적 주거 형태가 대부분이다. 나사렛 사람들은 대부분 노동자, 목자, 농부였다. 나사렛은 주변 도시에 노동력을 제공하는 시골 마을이었다.

근처에는 헤롯 안티파스가 자신의 정치적 후견인인 로마 황제 티베리우스에게 헌정한 인구 3,000명가량의 도시 세포리스Sepphoris와 디베랴Tiberius가 있었다. 남서쪽으로는 1세기 유대 역사가 요세푸스가 살면서 로마에 항전하다가 1만 5천 명의 희생자를 낸 얍파Japha가 있었다. 나사렛은 이스르엘 평야가 한눈에 들어오는 고원 지대에 있다. 남북으로는 갈릴리 북부에서 유다로, 동서로는 갈릴리 호수 남부에서 지중해로 나아가는 상업·군사·교통 요충지인 므깃도가 이스르엘 평야에 위치한다. 삼태기 모양으로 가운데가 움푹 들어간 분지로서, 산이 병풍처럼 둘러쳐 고립된 촌락이었다.

구약   **스불론 지파의 정착 과정에 나사렛이 언급되지**

	않는다(수 19:10, 16)
요세푸스	나사렛 근처 얍파에서 대로마 항전을 지휘한다. 그가 기록한 《유대 전쟁사》에 갈릴리 지명이 45곳 등장하나 나사렛은 언급이 없고, 자신의 생애를 기록한 글에서 언급된 219곳의 갈릴리 마을에서도 나사렛은 없다.
탈무드	63곳의 갈릴리 마을 중 나사렛은 언급되지 않는다.
랍비 솔리의 서신	예수를 221번 언급하지만 나사렛은 언급이 없다.

4세기까지 고대 역사, 지리 문헌에 나사렛은 등장하지 않는다. 1955~1960년에 걸쳐 나사렛 발굴을 주도하였던 바게티 교수의 보고에 따르면 청동기 중기기원전 2000~1500, 철기 중기기원전 900~539, 헬라 통치 기간기원전 332~63에 사람들이 거주한 흔적이 있었다Bagatti, 1969. 청동기 시대부터 하스모니아 왕조 이전까지 무덤으로 사용된 수많은 동굴과 석관묘 등이 발견되었으므로 나사렛은 옛적부터 주변 도시의 거주민이 쓰는 공동묘지였음을 알 수 있다. 그렇다면 유대인들에게는 부정한 땅이었다. 이

러한 고고학적 발견을 토대로 우리가 결론을 낼 수 있는 것은 다음과 같다. 첫째, 나사렛은 고대 시절부터 주변 도시들이 꺼리는 것―공동묘지와 같이―을 수용하던 장소였다. 둘째, 예수가 태어나기 이전인 하스모니아 왕조 시기에 다시 주민들이 정착하였지만 규모가 크지 않고 존재감이 거의 없었던, 무시해도 좋을 만한 변두리 골짜기의 마을이었다. 셋째, 따라서 당시 신약과 기독교 문헌 이외에는 어떤 문헌이나 지도에도 언급되지 않았다.

고고학·문헌 속에 나타난 나사렛

현재까지 성서학계에 연구된 바를 정리해 본다. 첫째, 현존하는 고고학적·문헌적 자료 가운데 복음서보다 앞서 기록된 지명이나 단어 '나사렛'은 찾을 수 없다. 구약과 유대교 문헌을 비롯하여 요세푸스나 탈무드, 랍비 문헌에도 나사렛은 언급되지 않는다. 구약에서는 스불론 지파에게 분배된 땅이었으나 존재감이 없었기에 언급될 필요를 느끼지 못하였을 것이다. 역사적·사회적 역할을 할 위치에 있지 않았기에 요세푸스 당시에도 기록할 의무가 없었다.

둘째, 고고학적으로 청동기 중기부터 사람들이 정착하여

살았고 예수 시대 이전 하스모니아 왕조부터 줄곧 주거의 흔적이 있다. 그러나 나사렛이라는 지명이 고고학적으로 처음 등장하는 곳은 1962년 8월 발견된 가이사랴 회당 유적지이다. 회당 벽에 부착된, 조각난 검회색 대리석 비문에 처음 나타나는데 그 연대는 주후 4세기 정도이다. 바르 코크바 반란이 주후 135년 하드리안 황제에 의해 진압되면서 모든 유대인들은 예루살렘을 떠나라는 칙령이 선포되고 예루살렘은 아엘리아 카피톨리나Aelia Capitolina, 'Aelia'는 하드리안 황제의 중간이름으로 트로이 용사 아에네아스의 이름. 'Capitolina'는 로마의 수호신 주피터에게 봉헌된 도시로 개명된다. 1년에 24반차를 따라 성전 봉사를 하던 유대의 제사장 가족이 갈릴리의 여러 도시와 고을로 흩어져서 살았는데 이 비문에 기록된 제사장은 이방인이 전혀 살지 않던 나사렛에 정착하였다는 내용이다.

The eighteenth priestly course [called] Hapizzez,

[resettled at] Nasareth. (M. Avi-Yonah, 1962: 137-139; 1964: 46-57)

(제18반차에 속한 제사장 하피제즈가 나사렛에 다시 정주하였다.)

셋째, 1세기에 나사렛이 언급된 곳은 복음서와 사도행전

뿐이다. 복음서와 사도행전의 기록에 따르면, 예수가 자신을 나사렛 예수라고 분명히 밝혔고 그 추종자들이 예수를 그렇게 불렀다. 예수의 십자가 처형 때에 달린 죄패에 "나사렛 예수 유대인의 왕"이라고 빌라도가 헬라어와 히브리어, 로마어로 기록하였다요 19:19-20. 이는 예수 당시에 예수가 나사렛 출신임이 공공연히 인정되었다는 뜻이며, 사복음서에 다 기록되어 있기에 그 진실성이 증명된다. 복음서가 기록되기 이전부터 '나사렛 예수'는 유대인들에게 정확하게 인식되고 있었다.

넷째, 초기 기독교 문헌에는 유세비우스의 교회사HE 1.7.14-15에 '나사렛'이 등장한다. 로마 황제 데키우스의 치하였던 주후 250~251년의 기독교 박해 기간에 제국 장원의 정원사였던 코논이 소아시아 밤빌리아의 마기도스에서 순교하였다. 순교 이전 법정에서 출생지와 선조에 대한 질문에 그는 이렇게 대답하였다.

나는 갈릴리 나사렛에 속하였고, 나는 그리스도의 가족으로 그에 대한 예배는 나의 선조로부터 물려받았으며, 나는 그분을 만물 위에 하나님으로 인정합니다(Mart. Conon 4.2.)

　　다섯째, 예수 이전에는 '나사렛'이 전혀 사용되지 않다가 예수 이후에 역사에 등장했다고 결론을 내릴 수 있다. 신약 성경과 초기 기독교 문헌에만 등장하기에 역사적으로 나사렛이라는 마을은 없었고 초기 유대 그리스도인들의 창안이며, 나사렛을 바탕으로 예수에 대한 신학적 작업이 이뤄졌다고 주장하는 학자들이 있다. 그러나 복음서 기자들의 증언과 왜 이들이 나사렛이라는 용어를 창안하였는지 질문 앞에 설득력 있는 설명은 되지 못한다. 나사렛이란 지명은 1세기 로마 총독 본디오 빌라도의 치하에서 십자가 처형을 당한 정치범에 의해 그 존재감이 전격적으로 부각되었다.

역사의 무대에 등장한 나사렛

　　그렇다면 몇 가지 질문이 자연스럽게 제기된다. 과연 나사렛 마을이 1세기 팔레스타인에 있었는가? 있었다면 왜 문학적 요세푸스나 랍비 문헌, 혹은 고고학적 증거가 없는가? 없었다면 누가 언제 왜 나사렛이라는 명칭을 창안하였는가?

　　현재 나사렛은 관광산업으로 번창하는 갈릴리의 수도이다. 루브르 박물관에 소장된 '나사렛 포고문'the Nazaret Decree, 무덤을 훼손하지 말라며 로마의 황제가 쓴 경고문으로 흔히 발견되는 전형적인 비문이지만 부활의 증거로 제시하는 사람들도 있다. '기적의 의자'이탈리아 피아첸차 순례자들의 보고에 의하면 그리스도가 어린이들과 함께 앉았던 의자와 그의 이름이 적힌 책이 있었다고 한다. '마리아의 우물'예수의 가족들이 살았다는 집의 지층에서 발견한 우물, 마리아의 수태고지 바실리카, 주의 형제들의 납골관, 주의 목욕탕 등이 콘스탄티누스 대제의 경건한 어머니 헬레나의 나사렛 방문 이후에 만들어진 순례 코스가 되어 지금은 예수의 이름을 빙자한 테마파크가 되었다Ren Salm, 2007.

나사렛이 옛적부터 있었던 도시라고 믿는 사람도 있고, 예수 당시에 나사렛은 존재하지 않았다고 주장하는 회의론자도 있다"나사렛은 원래 없었는데 그리스도인들이 예수를 메시아로 이해하기 위해 만들어낸 신학적인 신조어일 뿐이다", Moore. 1920: 426-32; Soares Prabhu, 1976: 197-201. / "예수의 고향은 가버나움이고, 나사렛은 예수 이후에 만들어 낸 초기 기독교인들의 창작이다", Blinzler 1976: 14f.; Schmithals, 1979: 83. 그러나 이 입장들은 고고학적 발굴에 귀를 기울이지 않는다. 이들은 '신학이 역사보다 우위에 있다'는 신앙적 우월의식이 만들어 낸 희생양이다. 나사렛이 그리스도인의 창안이며 실제로는 존재하지 않았다는 것은 신약의 역사성을 부인하는 견해로 지나친 회의주의와 의심의 미학을 보이고 있을 뿐이다. 이는 실증주의의 오류이다.

그러면 1세기 당시에 역사 속에 존재를 드러내지 않던 나사렛이 어떻게 역사의 무대에 등장하고 그 존재감을 부각시키기 시작했는가? 원래 나사렛은 하스모니아 시대 이전에는 주변 도시 거주민들의 공동묘지로 사용되었다. 이 마을에 하스모니아 왕조의 대이스라엘 회복 정책에 따라 유대인들의 갈릴리 이주가 시작되면서 유다 지파에 속한 일련의 사람들이 모여들기 시작했다. 고대 사회는 대개 부족 중심으로 집단을 이루면서 산다. 아마도 이 시기에 요셉과 마리아의 선조들도 가족과 더불어 이곳에 이주하였을 것이다.

　　한 가문이 대대로 살던 지역을 떠나 근본이 다른 지역에 이주한다는 것은 고대 사회에 드문 일이다. 한 가문이나 집안에 풍파가 닥칠 때에 일어나는 일이다. 요셉은 유다 지파 중 나단의 가문에 속했다. 바벨론 포로 이후 스룹바벨의 지도력으로 상당한 사회적 지위와 신분을 지녔던 집안이다슥 10:12. 그 고향은 베들레헴이나. 그런데 하스모니아 시대에 정치적 혹은 경제적으로 큰 사건을 겪고 가세가 기울어져서 가문 전체가 갈릴리 지역으로 이주하는 역경을 경험하였을 것이다. 누가가 보고하는 바와 같이 요셉은 아우구스투스의 칙령으로 베들레헴에 갔을 때에 몸을 위탁할 친척이 그곳에 없어 여관에 숙소를 마련해야 했다. 이는 가문 전체가 집단 이주를 하였음을 시사한다.

왜 이들은 나사렛에 정착하였을까? 이들 가족들은 갈릴리의 주요 도시가 아닌 별 볼일 없고 자신을 숨기기 안성맞춤인 마을로 이주하였다. 가족사에 사회적인 상처가 났고, 그 상처를 감추고 살아가야 할 운명에 직면했음을 짐작할 수 있다.

에스겔의 환상에 따른 이스라엘 회복의 일환으로 하스모니아 왕조가 시작한 이주 정책에 자의로 타의로 동의하여 나사렛 지역에 정착한 이들은 이스라엘을 회복할 '다음 세대'를 준비하는 사람들이었다. 인간의 사회·경제적 한계에서는 비천한 신분과 지위로 변두리에 사는 것으로 보이지만, 그 변두리적인 삶은 이스라엘의 전능하신 하나님이 백성을 돌아보실 날을 기대하며 '다음 세대'를 준비하는 삶이었다.

요셉의 선조들은 회당을 세우고 하나님을 경외하는 경건한 삶을 살았을 것이다. 이들은 자신들의 처지를 거룩한 전승에 의거하여 해석하려고 했을 것이다. 특히 다윗의 가문이었기에 메시아 예언에 관심이 많았을 것이다. 이새의 줄기/뿌리에 새 싹/가지가 나오리라는, 선지자들에 의해 '예언된 메시아적 가지' 사상을 읽고 숙고하였을 것이다. 유대 땅 베들레헴에서 갈릴리의 한 변두리로 먼 이주를 거쳐 정착한 자신들은

'가지'와 같이 산다고 생각하였을 것이다. 메시아 대망에 확신을 가지고 있었는지, 자신들의 처지를 자조적으로 표현하였는지 알 수 없어도, '가지'와 같은 존재이고 가지와 같은 삶을 산다고 여기면서 동네의 이름을 '나사렛'이라고 부르기 시작했을 것이다. 이들 다윗의 후손들은 예언된 '가지' 의식을 통해 메시아적 상상력을 집단적으로 품기 시작했다. 다윗의 후손들은 자신들이 살고 있는 동네와 자신들의 삶의 정황을 자신들의 이해 속에서 암묵적으로 또는 넌지시 '나사렛'으로 표현하였다.

　　그러나 이러한 자의식이 확고하게 자리를 잡기까지 확실한 동기가 부여되지 않던 가운데 요셉과 마리아는 천사의 방문을 받게 된다. 마리아의 성령 잉태를 순순히 받아들인 요셉, 가브리엘의 수태고지를 받아들이고 엘리사벳의 찬송을 접한 마리아는 무엇을 생각하였을까? 요셉과 마리아는 예수의 탄생을 우연으로 받아들이지 않았을 것이다. 자신들에게 행하신 하나님의 일을 성경을 통해 숙고하면서, 선지자들이 예언한 메시아 가지는 자신들에게서 이뤄질 수도 있다고 생각하였을 것이다.

　　예수가 공적 생애를 시작하면서 나사렛의 위상은 달라지

기 시작했다. 오랜 세월 나사렛에 묻힌 삶을 살다가, 요한의 세례에서 성령의 기름 부으심을 받고 난 뒤에, 예수는 본격적으로 하나님 나라 사역을 시작하였다. 그 사역의 시작을 나사렛으로 정하고, 나사렛 선언^{눅 4:16-21}을 한다. 나사렛을 사역의 출발점으로 삼은 것은 의도적 선택이다. 가문의 일과 자신의 집에 일어난 일을 생각하면서 자신이 바로 이사야와 더불어 선지자들이 '예언한 메시아적 가지'임을 인식하게 된 것이다. '나사렛 예수'는 명백하게 표현된 예수의 자기 칭호이다. 예수는 메시아적인 예언의 전통 속에 다윗의 후손에게서 확고히 자리 잡고 있었던 '나사렛'^{가지} 사상을 가져와 자신의 메시아적 자의식을 표현하였다. 당시에 수많은 예수가 있었겠지만 나사렛을 신원 확인에 사용한 사람이 나사렛 예수이다^{Pesch. 1984: 171}. 예수 이전에는 존재감이 거의 없었던 작고 하찮은 마을이었으나 예수는 이 이름을 의도적으로, 용의주도하게, 심사숙고를 거쳐 '나사렛'으로 고쳐 사용하였고, 그 이후 이 마을은 나사렛이라는 이름으로 당대에 각인되었다.

'나사렛'의 의미는 무엇인가

　'나사렛'의 의미를 찾는 데 중요한 구절은 마태복음 2장 23절이다.

> **나사렛이란 동네에 가서 사니 이는 선지자(들)로 하신 말씀(들)에 나사렛 사람이라 칭하리라 하심을 이루려 함이러라**
> καὶ ἐλθὼν κατῴκησεν εἰς πόλιν λεγομένην Ναζαρέτ, ὅπως πληρωθῇ τὸ ῥηθὲν διὰ τῶν προφητῶν ὅτι Ναζωραῖος κληθήσεται

　여기서 마태는 어떤 선지자의 예언을 언급하고 있는가? 마태복음 2장 23절은 문법적으로 몇 가지 특이점이 있다. 첫째, '선지자'를 단수가 아닌 복수로 사용하고 있다. 둘째, 'ὅτι'호티, that의 자리에 통상 문법으로는 'λεγοντων'하신 말씀이 오는데, 'ὅτι'로 대체되어 있다. 셋째, "나사렛 사람이라 칭하리라"는 말과 정확하게 일치하는 말이 구약에 없다. 특정 구약 본문과 일치하지 않지만, 구약 예언의 핵심적 소견을 통합적으로 도입하는 문법적 장치로서 'ὅτι'를 사용하고 있다참고. 마 26:54; 라 9:11-12; 요 7:38; 롬 11:8; 사 4:5, b. Ketub. 111a. 마태는 특정한 구절을 인용하지 않고 여러 선지자의 글을 통합하여 핵심 사상을 간략하게 도입하고 있다.

　예수가 나사렛 출신이라는 점은 초기 팔레스타인 기독교에서 기정사실이었다. 그래서 예수의 신원을 확인할 때에 '나사렛'이라는 표현을 공공연하게 사용하고 있다. 신약에서 '나사렛'은 헬라어로 두 종류$Ναζωραῖος$, 나자라이오스—$Ναζαρηνός$, 나자레노스로 표기되는데 이는 아람어 또는 히브리어를 헬라어로 번역하여 사용할 때에 흔히 나타나는 현상이다. 그러나 이 두 가지가 모두 다 예수와 관련하여 사용되었다는 점에서 어원상의 문제는 없다.

$ναζωραῖος$(나자라이오스) – 마 26:29, 26:71; 눅 18:37; 요 18:5, 7, 19:19; 행 2:22, 3:6, 4:10, 6:14, 22:8, 26:9

$ναζωρηνὸς$(나자레노스) – 막 1:24, 10:47; 14:67, 16:6; 눅 4:34, 24:19; 요 18:5

　따라서 나사렛의 의미는 어원이 아니라 어떻게 해석하느냐에 달려 있다. 마태가 암시적으로 인용하고 있는 구약 본문은 적어도 다섯 구절이다.

1) 마 2:23의 ναζωραῖος는 나실인을 뜻한다는 견해

2) 사 49:6의 נצירי (느지리) — 이스라엘을 회복시키는 자

3) 렘 31:6-7의 파수꾼 (נצרים, 노제림)

4) 창 49:26의 '구별된 자' (נזיר, 나지르)

5) 사 11:1의 '가지' (נצר, 네제르)

이상 다섯 본문이 마태복음 2장 23절의 '나사렛 사람'의 의미를 밝혀 주는 참조구절이 될 수 있다. 1)과 5)가 가장 설득력 있고 학자들의 지지가 많은 견해이다.

먼저 1)의 견해로 랭스두에 성경^{Douay Rheims Bible}은 창세기 49장 26절을 다음과 같이 번역한다.

may they be upon the head of Joseph, and upon the

crown of the Nazarite among his brethren

([그 축복이] 요셉의 머리 위에, 그 형제들 중에 '나실인'의 면류관 위에

임할지로다)

예수가 나실인이 되리라는 해석이다. 칠십인역^{LXX}은 사사기 13장 7절과 16장 17절에서 'ναζωραῖος θεοῦ'^{하나님의 나실인}와

‘ἅγιο θεοὖ’ 하나님의 거룩한 자를 서로 호환해서 사용한다. 마가복음 1장 42절에서 더러운 영은 나사렛 예수를 가리켜 "하나님의 거룩한 자"라고 소리친다. 유세비우스와 테르툴리아누스도 나사렛을 ‘거룩’으로 이해한다. 이사야 4장 3절 "그는 거룩한 자라 칭함을 얻으리라"에서 나실인과 거룩한 자를 호환해서 읽으면 이러한 해석은 가능하다. 하지만 세례 요한이면 몰라도 마태의 탄생 기사에서 예수를 굳이 나실인으로 부를 이유가 없다. 이러한 이해는 설득력이 없으며, 마태복음 전체 맥락을 이해하지 못하고, 사전적 의미의 유사성에만 집착한 결과이다. 나실인은 하나님을 섬기기 위하여 자신을 봉헌한 자로서 머리를 자르지 않고 포도주를 마시지 않으며 시체를 가까이 하지 않는 자인데민 6장; 삿 13:5-7; 암 2:11-12; 1 Macc. 3.49-52; 4Q1 Sam. 복음서에 나타난 예수의 모습은 이와 다르다.

5)의 경우 마태복음 2장 23절의 구약 본문을 이사야 11장 1절로 보고, 나사렛을 ‘가지’로 이해한다. 이 견해는 신약 학자들의 가장 많은 지지를 받으며, 복음서에 기록된 예수의 활동에 비추어 볼 때에 가장 설득력이 있다.

이새의 줄기에서 한 싹이 나며

그 뿌리에서 한 가지가 나서 결실할 것이요(사 11:1)

마태는 예수가 '가지'라는 점에서 여러 구약 본문을 염두에 두고 선지자들의 글을 언급하고 있다[Gundry, 1982: 40]. 이러한 관찰은 마태복음 2장 23절의 배경에는 이사야 11장 1절이 구약 예언의 핵심에 자리를 잡고 있을 뿐 아니라, 구약의 '가지' 사상이 함께 연결되어 있음을 나타낸다.

마태복음 2장 23절에서 예수가 나사렛 사람이 될 것이 예언되었다는 이해는 유대인의 해석[페쉐르]에서 사용되는 동음이의의 신소리식 해석 기법이다. 맛소라 사본[MT]에서 '네제르'로 발음되는 이 단어는 1세기 히브리어로는 '나자르'로 발음될 수도 있었기에, 마태복음 4장 13절과 누가복음 4장 16절은 '$\nu\alpha\zeta\alpha\rho\epsilon\tau$'[나자렛]을 '$\nu\alpha\zeta\alpha\rho\alpha$'[나자라]로 기록하고 있다. 다음에 열거되는 해석적 근거들은 마태가 이사야 11장 1절의 예언을 염두에 두고 있음을 폭넓게 뒷받침한다.

마태의 예수 탄생 기사는 사무엘상 7장 14절에 나타난 나단의 신탁에 의거하여 예수가 다윗의 후손임을 근본 취지로 삼고 있다. 따라서 이새의 줄기에서 나온 '가지'로서 나사렛을

지목하는 이사야 11장 1-10절은 마태복음 1, 2장의 흐름과
일치한다. 또한 이미 마태복음 1장 23절에서 이사야 7장 14절의
'임마누엘'을 인용함으로 이사야 11장 1절과 더불어 이사야
예언을 배경에 둠을 알 수 있다.

이사야 11장 1-10절은 초기 기독교의 메시아 증언에 중요한
자료이다(롬 15:12; 벧전 4:14; 요 1:33; 살후 2:8; 계 19:15, 5:5).
또한 초기 기독교 저자들은 이사야 11장 1절의 가지를 예수로
해석하였고(Justin 1 Apol. 32; Dial 126; Irenaeus, Adv. Haer.
3.9.3), 아람어 역본인 탈굼(Targum)도 가지를 메시아로
언급한다.

싹은 가지의 동의어로 구약의 메시아 예언에 등장한다(사
4:2; 렘 23:5, 33:15; 슥 3:8, 6:12). 유대교에서 '가지'가 메시아로
사용되었다(Stra-B I. 94; T. Jud. 24.6; 4QpIsa 3.15-26; 4QPBless;
4QFlor1.11-12; 4QpIsaa frag. A; 1QSb 5.24; PssSol 17.35-37;
1Enoch 49.3; 62.2;).

주후 200년경에 편찬된 바벨론 탈무드(b. Sahn. 43a)에서

유대인 재판관들과 예수의 다섯 제자들(마태, 나개, 네제르, 부니, 토다)이 예수의 유월절 죽음을 두고 논쟁을 벌이는데, ‘네제르’라는 이름을 가진 한 제자가 이사야 11장 1절을 인용하면서 대응한다. 이에 재판관은 이사야 14장 19절을 인용하여 ‘가증한 나뭇가지’처럼 무덤에서 내쫓겨야 한다고 맞대응한다.

결론적으로 마태복음 2장 23절은 두 가지로 정리할 수 있다. 첫째, 마태복음 2장 23절에서 "나사렛 사람이라 칭하리라"는 구약의 예언은 하나님의 아들로 태어나신 예수가 나사렛에 정착하여 거주하는 것으로 이사야 11장 1-10절과 더불어 가지네제르와 순호테르과 관련된 구약의 여러 예언들이 성취되었다고 본다. 따라서 나사렛 사람은 나사렛 출신이며, 유다 지파인 예수의 나사렛 정착은 이사야 11장 1절의 성취이다.

둘째, 유아 시절부터 이새의 본향인 베들레헴을 떠나 이방의 갈릴리 나사렛에 정착한 예수는 이새의 줄기에서 나온 ‘가지’와 ‘싹’으로서의 삶과 사역을 하신다는 의미이다. 예수의 나사렛 정착은 우연도 숙명도 아닌, 선지자들이 예언한 하나님의 이스라엘 회복 계획의 일부이다. 둥치가 찍혀 버린 나무의 줄기에서 ‘가지’가 나와 이스라엘의 회복이 시작된다.

　　이사야 40장 9절, 52장 7절은 복음을 "좋은 소식" 또는 "아름다운 소식"으로 표현한다. 이사야에서 복음은 '하나님이 다스리신다'는 뜻이다. 이사야는 이 복음을 전하는 자의 기름 부음^메시아을 61장 1-3절에서 선포한다. 그러면 이사야가 예언한 복음을 선포하고 하나님 나라를 이루는 메시아는 누구인가? 여호와의 '고난을 받는 종'이다. 예수는 나사렛 선언^눅 4:16-19에서 이사야 61장 1-3절을 인용하여 복음을 선포하는 자신의 신원과 사명을 밝히고 있다. 복음은 나사렛 예수이다. 나사렛 선언은 이사야 61장과 11장을 예수의 삶에서 연결시켜 준다. 이사야 11장에서 가지는 예수이다. 이 '가지'는 이사야 52장 2절에서 연한 순과 마른 땅에서 나온 뿌리이다. 52장 7절에서 복음은 평화와 구원을 가져온다. 구원은 이사야 61장에서 가난한 자에게 선포되는 복음을 통해 이뤄지는 치유와 해방이다. 평화는 이사야 11장에서 약자와 강자가 함께 어울리는 모습이다. 이 구원과 평화는 예수의 사역을 통해 성취되고 선포되었고, 십자가와 죽음을 통해 완성되었다.

　　초대 교회의 사도들은 이 예수를 복음의 내용으로 선포했다. 사도 바울은 이 복음의 핵심으로 십자가와 부활을 선포하고^고전 15:1-3; 롬 1:1-4, 예수를 믿는 자들의 삶의 방식으로 강력하게 천거하였다빌 1:27. 사도 바울은 이 복음을 모든 믿는 사람에게 구원을 주시는 하나님의 능력으로 선포하면서롬 1:16, 이 복음 외에 '다른 복음'을 전하면 천사라도 저주를 받는다고 단호하게 선언한다갈 1:8. 복음서 기자들은 자신들이 묘사하고 있는 예수 그리스도의 삶과 생애를 '복음'이라는 문학적 장르로 창의적으로 채택한다. 특히 마가는 첫 문장에 "이사야의 글에 따른 하나님의 아들 예수 그리스도의 복음의 시작"으로 자신의 복음을 독자들에게 소개한다. 마가는 '복음'의 내용과 의미를 이사야를 통해 이해하고 선포한 나사렛 예수의 의도를 정확하게 파악하고 있다. 복음은 예수 그리스도의 십자가와 부활을 통해 가져오는 구원을 선포하는 내용인 동시에, 또한 실제 생활 방식이다. 바울은 빌립보 교인들에게 '복음에 합당한 시민 생활을 하라'고 권고했다빌 1:27.

오늘날 '다른 복음'갈 1:7은 무엇인가? 영혼의 구원만을 강조하고 사회적 책임을 간과하는 이원론적 구원을 주장하는 복음이다. '예수 천당 불신 지옥'을 외치면서 세상을 정죄하고 저주하는 복음이다. 성공이 곧 축복이라고 가르치는 성장 지상주의 복음이다. 물질적인 성공을 풍성하게 누리는 것이 복이라는 풍요의 복음이다. 창조 세계에 대한 책임을 간과하고,

인간의 존엄성이 파괴되는 현실을 도외시하는 복음이다. 크면 클수록 좋다고 가르치면서 독점과 조종과 지배를 가르치는 복음이다. 이데올로기에 편향되어 다른 사상과 인종과 의견을 그릇되었다고 정죄하는 복음이다. 인종차별과 민족 지상주의와 남녀 차별과 권위주의로 인간을 어떤 형태로든 차별하고 억압하는 복음이다. 치유와 화해가 아닌 분열과 상처를 주는 어떤 형태의 메시지나 행동이다.

진짜 복음은 무엇인가? 십자가와 부활이 핵심이 되는 복음이다. 십자가와 부활은 나사렛 예수가 가져온 구원과 평화의 핵심이다. 개인의 영혼 구원뿐 아니라 전인적인 구원을 선포하며, 종교적인 일뿐 아니라 사회와 자연을 포괄하여 균형을 잡고 총체적인 치유와 회복을 선포하는 복음이다. '작은 것이 아름답다'고 선포하고, 독점과 축적과 포식을 거부하며 나눔과 섬김을 실천하는 복음이다. 권리를 포기하고 낮은 곳을 향해 나아가는 십자가의 복음이다. 악과 고난이 지배하는 죽음의 문화를 극복하고 생명과 재창조의 능력을 세상에 선포하는 부활의 복음이다. 종교라는 아성에 안주하여 자신의 성채를 쌓지 않고, 의와 평강의 하나님 나라를 세상에 가시적으로 보여 주는 복음이다.

3장

성경에 나타난 나사렛 사상

예수가 '나사렛', '가지'라는 개념은 이사야와 구약 예언자들의 '가지' 사상에 그 뿌리를 내리고 있다. 메시아가 '가지'라는 사상은 유대교에서도 익히 알려진 개념이며, 이 사상을 신약 저자들도 계승하고 있다. 따라서 예수의 메시아적인 자의식 속에는 이사야의 가지 사상이 깊은 영향을 미치고 있음을 부인할 수 없다. 이러한 가지 사상은 나사렛 기독론으로 누가판 족보에 나타나며, 신약에서 발전된다.

구약의 나사렛 사상

구약의 나사렛가지 사상은 유다의 왕에게서 더 이상 소망을 둘 수 없을 때에 등장한다. 아하스는 사악하고, 히스기야는 유약하며, 므낫세는 수치이고, 요시아는 분별력이 없다. 결국 여호야김과 시드기야는 유다의 멸망을 지켜본다. 다윗의 후손들로 정통성을 이어 온 유다 왕들은 하나님의 숲을 엉망진창이 되도록 망쳐 놓았다. 그렇다면 다윗의 혈통에게서 더 이상 지도력을 기대할 수 없고, 나단의 신탁삼상 7:14은 폐기되어야 하는가? 지금의 파국을 헤쳐 나갈 돌파구는 없는가? 여기서 이사야가 구약의 가지 사상의 싹을 틔우고, 예레미야가 발전시켜 포로 귀환 후에는 스가랴, 학개 시대에 스룹바벨을 중심으로 하나의 정설로 자리를 잡게 된다.

**이사야의
나사렛 사상**　　이사야의 예언은 유대 웃시아부터 히스기야까지의 시대를 반영하고 있다. 예언은 한 시대에 대한 하나님의 평가인 동시에 다음 시대를 위한 비전이다. 이사야는 숲과 나무의 이미지를 자주 사용한다. 이들 이미지를 통해 유대에 하나님의 심판과 '남은 자'인 그루터기를 통한 하나님 통치의 우주적인 회복이라는 비전을 제시한다.

당시 남쪽 유다에 대한 하나님의 평가는 이사야 5장의 유명한 포도원 노래가 잘 대변하고 있다. 하나님이 포도원 주인이고, 이스라엘은 포도원이다. 극상품 포도나무를 심었는데, 들포도를 맺었다. 주인은 포도원을 헐고 황폐하도록 내버려 두기로 작정한다. 심판의 메시지이다. 이 심판의 이미지는 이사야 10장에서 빽빽한 숲과 기름진 밭을 들짐승과 도끼와 톱으로 다 황폐하게 만드는 모습으로 다시 등장한다[사 10:15-19, 33-34]. 역사적으로 이 심판은 앗시리아를 통한 북쪽 이스라엘의 멸망으로 나타난다. 앗시리아는 또다시 남쪽 유다를 황폐하게 만들지만, 히스기야의 경건과 기도로 그 운명은 바벨론의 몫으로 넘겨진다. 그러나 황폐해진 숲과 밭을 그대로 남겨 둘 것인가?

이사야는 회복의 메시지로 '남은 자' 사상을 전개한다. 남은 자는 가지, 싹, 그루터기라는 이미지로 표현된다. 이사야 6장 11-13절에서 그루터기와 거룩한 씨 그리고 11장 1-10절에서 '가지와 싹'의 그림을 제시한다. 이 가지와 싹을 통해 하나님의 숲은 다시 복원될 것이다. 그러나 그 가지와 싹은 40-55장에서 그리는 '고난을 받는 야훼의 종'을 통해 이뤄지며, 그 완성되는 그림은 다시 61장에 잘 묘사되고 있으나 이사야의 나사렛 사상의 절정은 이사야 11장 1-10절에 잘 묘사되어 있다고 할 수 있다.

이사야 11장 1-10절은 10장 24절부터 12장 6절로 마무리되는 큰 그림의 핵심이다. 이 그림은 하나님이 다윗 왕조를 아주 다른 틀에서 개혁·갱신·갱생시켜서 하나님의 의체디크와 평화샬롬가 이뤄지는 하나님 나라를 회복한다는 비전이다. 이 비전을 시적으로 표현하면 12장 5절의 "아름다운 풍경에 대한 하나님의 디자인"이다. 이 그림의 구도는 교차 대구 방식chiasm으로 구성되었다.

A 여호와의 앗시리아에 대한 분노(10:24-27)와 정복을 위한
시온으로 진군(10:27-32)
B 예루살렘 숲의 운명(10:33-34)

**C 이새의 뿌리에서 나온 가지를 통해 이룰 새로운 숲
(11:1-10)의 통치자
B′ 흩어진 하나님의 백성을 그 숲으로 불러 모으시는
여호와(11:11-16)
A′ 이 아름다운 일에 대한 찬양(12:1-6)**

이사야는 10장 24절에서 "앗시리아를 두려워하지 말라"고 권고하며, 앗시리아를 어떻게 심판하는지 제시한다. 앗시리아는 병충해다. 더 심각한 문제는 병든 나무다. 병든 나무는 병충해가 거처를 마련하고 영향력을 발휘하는 숙주宿住다. 병든 나무는 앗시리아의 영향력을 이스라엘에 파급시키는, 언약에 신실하지 못한 왕족과 그 심복이다. '막대기, 몽둥이, 채찍, 때리다, 치다' 등의 단어는 전형적인 심판의 메시지를 전달하는 언어이다. 24절부터 예고된 하나님의 심판은 망쳐버린 숲을 보고 분노하는 정원사의 진노이다. 28절부터 묘사되는 정원사는 숲을 망친 병충해와 그 나무들을 정복하고 숲을 회복하기 위해 진격하는 무장한 용사와 같다.

10장 32절에서 하나님은 요단 강 건너편, 예루살렘 북쪽에 위치한 성읍 놉에 머물면서, 시야에 들어오는 시온 산, 즉

예루살렘을 향하여 수신호를 보낸다. 이사야 8-12장에서 '손'_{야드}과 '아직 또는 여전히'요드, yet or still 두 단어가 빈번하게 함께 등장한다. '손'은 신호이다. '아직'은 연속성을 말한다. 로마 경기장에서 황제가 엄지를 올리거나 내리는 장면을 연상시킨다. 손을 펴서 있으면 그대로 있으라는 신호, 엄지를 올리면 살린다는 신호, 엄지를 내리면 처형하라는 신호이다. 이사야서에서는 시온을 향한 하나님의 행동의 신호를 가리킨다1:25; 5:25; 9:11, 16, 20; 10:4; 10:32; 11:11, 15.

33-34절에서는 병들고 황무한 숲을 개간하기 시작한다. 33절은 그 비전을 이루는 주체가 누구인지를 제시한다. '보라! 만군의 여호와, 그는 경외심을 불러일으킬 정도로 아름다움을 디자인하시는 분이시다.' 어떻게? 고원의 꼭대기를 깎아 내리고, 낮게 깔린 곳을 돋우고, 철장으로 덤불처럼 우거진 숲을 칠 것인데, 마치 레바논숲이 주권자에게 베임을 당함과 마찬가지이다사 40:16. 레바논은 이스라엘 북부의 헐몬산 기슭의 숲이다. 밀집하여 자라는 백향목이 그곳의 자랑거리이다. 하나님의 디자인은 세 가지 단어로 표현할 수 있는데 '가지치기, 간벌 작업, 소각', 즉 숲을 정지 작업하는 이미지이다.

부수고 나면 복구를 해야 한다. 창의적인 대안이 없는 비판은 허무하다. 현실에 대한 비판만 하고 대안을 제시하지 않으면 비판의 대상을 몰아내더라도 비판을 받을 그 상황에 매몰되어 비판받을 행위를 반복하게 된다. 현실 비판의 오류는 창의적 대안이 없는 데 큰 원인이 있다.

이사야는 어떤 대안을 제시하는가? 그 대안은 이사야 11장 1-10절포괄구조로 다음과 같은 구성이다.

A 이새의 줄기(뿌리)에 한 싹(가지, 1절) — 부흥의 출발
　B 여호와 영의 강림(2절)
　　C 가지의 통치(3-5절)
　　C′ 통치(하나님 나라)의 실현(6-9a절)
　B′ 여호와를 아는 지식의 충만(9b절)
A′ 이새의 뿌리에서 한 가지(10절) — 회복의 출발

11장 1절에서 '가지'는 그루터기만 남기고 잘려진 나무의 이미지를 담고 있다. 이 구절의 자연적 의미는 완전히 새로운 출발이다. 다윗 왕족이라는 큰 나무가 심판으로 찍혀질 것이다. 미래의 이상적인 왕은 현재 유다 왕의 혈통이 아닌 다윗 왕조가 기원된 이새로부터 다시 파생될 것이다. 생장점이 살

아 있는 나무는 찍혀도 가망이 있다. 그 생장점에서 가지와 싹이 돋아난다. 이미 이사야 4장 2절의 '여호와의 싹', 6장 13절의 '그루터기'를 통해 황폐해진 숲을 다시 살리고 회복하는 메시지를 주셨다. 그 '가지'는 10절에 따르면 흩어진 '남은 자'가 돌아오게 만드는 만민의 깃발이 되고, 그 자리는 거룩한 곳이 된다. 9절에서는 하나님의 거룩한 산이 가꿔진다. 생존이 아닌 부흥의 그림이다. 이사야 예언에서 '가지'는 새로운 출발의 근원이다. 약하고 작지만 자라서 온 세상을 덮을 것이다. 이것은 가지인 메시아를 통해 이루실 하나님 나라에 대한 이사야의 전망이다. 이사야 11장 1절, 10절은 욥기 14장 7-9절을 연상시킨다. "나무는 희망이 있나니 찍힐지라도 다시 움이 나서 연한 가지가 끊이지 아니하며 그 뿌리가 땅에서 늙고 줄기가 흙에서 죽을지라도 물 기운에 움이 돋고 가지가 뻗어서 새로 심은 것과 같거니와."

어떻게 가능한가? 회복의 주체는 사람도 아니고 동물도 아니고 나무도 아니다. 하나님이다. 여호와의 영이 숲의 통치자인 그 가지와 싹의 열매에 강림한다. 하나님의 영은 여호와를 경외함으로 그 가지가 통치하도록 하고, 그 통치는 여호와를 아는 지식을 온 세상에 충만하게 만든다.

첫째는 여호와의 영이다. 여호와의 영은 이사야의 부흥과 회복의 비전을 통틀어서 반드시 언급되는 본질적인 요소이다사 4:4; 32:15-20; 34:16; 40:7, 13; 42:1; 44:3; 47:16; 48:16; 59:19, 21; 61:1, 3. 여호와의 영이 없으면 부흥과 회복도 없다. 하나님의 기름 부으심을 받은 자는 그 영을 통해 일한다사 61:1. 여호와의 영이 그 종에게 말하고, 그 종은 영을 통해 일한다.

둘째는 여호와를 경외함이다. 여호와를 경외함이란 그 존재와 성품에 압도되어 절대적으로 순복하는 태도이다. 그 태도는 여호와 하나님을 단순한 이해와 총명의 차원을 뛰어넘어서 신비에 속한 분으로서, 오직 경배할 뿐이다. 숲 속의 통치자에게 여호와를 경외하는 영이 임하면, 그는 여호와를 경외함을 기쁨과 즐거움으로 삼고 그의 예배와 헌신이 진정으로 드러날 것이다.

셋째도 여호와를 아는 지식이다. 여호와의 영이 하나님의 새로운 숲의 통치자에게 임하면, 그는 여호와를 아는 지식이 충만할 뿐 아니라, 그 지식을 온 세상에 흘려보내는 원천이 된다. 그것은 물이 바다를 덮는 해일, 쓰나미의 이미지이다. 바다에서 일어난 지진으로 시작된 쓰나미는 주변 해변을 집어삼킨다. 그 영향력은 세상 끝까지 이를 것이다. 여호와 경외를 그의 기쁨으로 삼는 자는 여호와 하나님에게 그의 삶을 전적으로 위탁하게 된다. 그 삶의 영향력과 능력은 울타리로 둘러싸인 공간과 모든 한계와 장애, 경계선을 뛰어넘어 온 세상에 이를 것이다. 이 여호와를 아는 지식[9절]이 '이새의 뿌리에서 난 싹'[10절]을 만민의 깃발로 삼고, 온 세계에 흩어진 하나님의 백성이 열방에서 돌아오게 될 것이다. 진정한 숲의 회복은 이때에 이뤄진다. 이 풍경을 이사야 11장 5절에서는 극히 아름다운 일이라고 찬송한다.

"공의로 그의 허리띠를 삼으며, 성실로 그의 몸의 띠를 삼는다." 허리띠가 없으면 막강한 무장이나 아름다운 치장을 하더라도 움직일 수가 없다. 허리띠는 모든 행동의 마지막 준비 단계이다. 여호와를 경외함과 여호와를 아는 지식으로 하나님의 숲에는 의와 평강이 찾아온다. 의와 평강은 어떻게 이뤄지는가? 판단하는 자가 중요하다. 판단이 올발라야 한다. 보이고 들리는 감각이나, 겉모습, 경험과 습관으로 사람을 판단하지 않는다. 힘에 의해 판단의 추가 기울어지지 않는다. 올바른 통치는 공의와 정의가 하수와 같이 흘러야 한다. 공의는 공법을 말하고, 정의는 언약에 신실하게 반응하는 태도이다. 편견과 편파가 없어야 한다.

나사렛의 구체적 통치는 이사야 11장 6-9절에 잘 묘사된다. 가지에서 나무가 자라면서 숲을 이루게 되고, 숲 속에 초원과 과수원이 생기면서, 사람과 짐승들이 함께 사는 생태계가 형성된다. 이곳이 거룩한 산2:2-4; 4:4. 2-6; 11:6-9이다. 하나님의 정원은 약육강식과 적자생존, 생존 경쟁으로 이어지는 밀림의 법칙이 아닌 평화와 공생의 나라로 가꿔진다. 이리와 어린 양, 표범과 어린 염소, 송아지와 어린 사자와 살진 짐승, 어린아이, 암소와 곰, 젖 먹는 아이와 독사. 도저히 어울릴 수 없는 관계이다. 포식자 대 먹이이자 강자 대 약자이지만 어떤 적대감도 없고 상처도 없다. 이 생태계는 이사야가 그리는 하나님 나라의 모습이다. 하나님의 의와 평화가 이뤄지는 하나님 나라 회복의 그림이다.

나사렛의 통치는 구체적으로 무엇이겠는가? 통일 다큐 〈통일 이유 레디〉를 제작한 허원 감독이 중국에서 만난 탈북자는 다음과 같이 증언한다. 북한이 1980년 후반에 겪은 고난의 대행진 기간에 북한 정부 발표로는 20만 명, 비공식적으로 100만 명 이상의 주민이 죽어 갔지만, 지하 교회 성도들은 죽은 사람이 그리 많지 않았다고 한다. 이유는 무엇일까? 사회주의 체제하에 살던 사람들 대부분이 죽지 않으려고 자신을 면

저 보호하였지만 지하 교회 성도들은 감자나 옥수수가 생기면 서로 나눠 먹었다고 한다. 공생과 공존을 위한 배려와 사랑이 있는 곳에 죽음이 없었다고 한다. 이것이 의와 평화가 지배하는 하나님 나라가 아닌가! 약자가 보호를 받지 못하는 세상은 정의로운 사회가 아니다. 가난한 자에 대한 정의가 실현되지 않는 어떤 통치도 하나님 앞에서 올바른 통치라고 말할 수 없다.

다윗 왕조의 영구성은 나단의 신탁에 기반한다삼하 7장; 시 2, 21, 45, 72, 110편. 그러나 다윗의 후손인 유대 왕들에게 심각한 문제가 생겼다. 신흥 앗시리아의 등장과 이에 대응하는 유다 왕들의 태도는 언약의 신실함을 저버렸다. 하나님은 앗시리아를 심판의 도구로 사용하시고, 이사야에게 선지자의 소명을 주셔서 이 심판을 예언하도록 한다. 하나님의 언약은 취소되지 않았다. 다만 갱신될 뿐이다.

여기서 핵심은 새 왕은 새로운 출발을 의미한다는 점이다. 새 왕은 다윗처럼 비왕족계열의 혈통으로부터 탄생한다. 따라서 솔로몬과 유다 왕들로 이어지는 왕통이 아닌 다른 혈통을 통해 다윗의 혈통을 이어 가는 자이다. "베들레헴 에브라다야 너는 유다 족속 중에 작을지라도 이스라엘을 다스릴

자가 네게서 내게로 나올 것이라 그의 근본은 상고에, 영원에 있느니라"[미 5:2]는 이 나사렛 사상을 확증한다. 새로운 왕은 예루살렘이 아닌 다윗의 고향 베들레헴에서 탄생한다. 이러한 예언은 하나님이 다윗을 이새의 가문에서 처음 선택할 때의 상황을 연상시킨다.

이사야는 하나님의 숲을 회복시키는 그림을 일관되게 그리고 있다. 4장 2절에 '여호와의 싹'이 등장하고, 6장 13절에 그루터기를 통한 거룩한 씨의 예언으로 전개되며, 7장 14절에 임마누엘에 대한 약속, 9장에 이방의 갈릴리의 회복과 더불어 한 아기의 탄생을 예고한다. 그리고 11장에 이르러 그 약속은 '이새의 줄기/뿌리에서 나온 가지/싹'을 통한 하나님의 숲에 대한 그림으로 구체화된다. 하나님의 숲에 대한 그림은 역사적 유다에서는 더 이상 찾을 수가 없고, 40장 9절에 복음과 더불어 광야의 외치는 소리로 '여호와의 고난 받는 종'의 노래가 이어진다. 그 종[42:1-4]은 53장 2절의 연한 순과 가지이다. 61장은 그 종에게 하나님의 영이 임하여 가난한 자에게 복음이 전해지고, 그들로 '의의 나무'를 삼아서 하나님의 숲을 복원한다.

예수께서 이사야 61장 1-2절을 인용하여 나사렛 선언을 한 근본 배경에는 이사야의 가지를 통해 하나님의 숲을 회복한다는 사상이 깔려 있다.

**예레미야의
나사렛 사상** 예레미야 23장 5-6절에서 선지자는 "의로운 가지"체마흐 체데크를 예언한다. "여호와의 말씀이니라. 보라 때가 이르리니 내가 다윗에게 한 '의로운 가지'를 일으킬 것이라 그가 왕이 되어 지혜롭게 다스리며 세상에서 정의와 공의를 행할 것이며, 그의 날에 유다는 구원을 받겠고 이스라엘은 평안히 살 것이며 그의 이름은 여호와 우리의 공의라 일컬음을 받으리라"산문체로 33장 15-16절에 반복.

여기서 이사야 11장 1절의 가지나 싹 대신 체마흐어린 가지가 사용되었다. 의로운 가지는 왕과 같은 귀인의 아들 중에 합법적인 상속자를 가리키는 말이다. 주전 273년 페니키아 비문에 톨레미 왕조의 합법적인 왕을 지칭하는 데 사용되었다.

유다 왕들에 대한 예언렘 21:11-23:8의 마지막 부분에서 예레미야는 여고니아의 아들이 더 이상 유다의 왕위에 오르지 못한다고 예언한다22:28-30. 여고니아에 대한 예레미야의 저주 신탁은 유다 왕조에 대한 하나님의 최종적인 판결을 대변한다. 따라서 그의 후계자들인 여호야김이나 시드기야는 중요하지 않다. 왕위의 올바른 상속자는 왕위에 대한 합법적인 상속권을 가지지 못한다. 이 저주 신탁은 다윗의 정통 줄기에서 계승자가 끊어지고, 다윗의 다른 후손에게서 나단의 신탁삼하 7:12-16에 따른 자가 등장함을 예언한다. 예레미야의 예언은 누가판 족보에 잘 반영되어 있다. 다윗-솔로몬이 아닌 다윗-나단 계열로 이어지는 줄기의 가지가 예수이다.

학개와 스가랴의 나사렛 사상　　예레미야의 '의로운 가지'렘 23:5-6 사상은 포로 생활에서 귀환한 선지자 학개와 스가랴에게도 나타난다. 스가랴는 귀환한 유대 공동체에서 새로운 지도자로 역할을 하며 성전을 건축하는 스룹바벨을 새로운 다윗적 통치자로서 가지로 표현한다.

대제사장 여호수아야 너와 네 앞에 앉은 네 동료들은 내 말을 들을 것이니라 이들은 예표의 사람들이라 내가 내 종 싹[가지]을 나게 하리라(슥 3:8)

말하여 이르기를 만군의 여호와께서 이같이 말씀하시되 보라 싹 [가지]이라 이름하는 사람이 자기 곳에서 돋아나서 여호와의 전을 건축하리라(슥 6:12)

만군의 여호와가 말하노라 스알디엘의 아들 내 종 스룹바벨아 여호와가 말하노라 그 날에 내가 너를 세우고 너를 인장[호탐] 으로 삼으리니 이는 내가 너를 택하였음이니라 만군의 여호와의 말이니라 하니라(학 2:23)

스가랴의 예언은 예레미야의 여고니아 저주 신탁과 같은 흐름을 계승한다. 포로 생활에서 귀환한 유대 공동체 지도자는 왕위를 계승하는 여고니아의 후손, 즉 적통이 아니라 가지로서 스룹바벨임을 지지한다. 학개도 마찬가지이다. 여호야김의 아들 여고니아가 여호와의 인장 반지가 되는 자격을 박탈당하고, 스룹바벨이 하나님의 새로운 인장 반지가 되었음을 귀환한 유대 공동체에 선포한다. 따라서 포로기 이후의 선지자들은 스룹바벨이 새로운 다윗 왕통을 확립하게 될 사람이라고 이해하였다. 스룹바벨은 '의로운 가지'이고, 주의 인장 반지로서 여고니아를 대체하는 자이다. 스룹바벨의 역할은 외경의 하나인 에스드라 1서에서 주도면밀하게 조명을 받고 있다. 여기서 스룹바벨은 다윗의 후손으로 언급되지만, 솔로몬이나 여고니아로부터 이어지는 왕통과 연결되지 않는다^{에스드라 1서 5:5}.

역대기에는 스룹바벨이 여고니아의 손자로 기록되어 있

다. 이는 역대기 역사가들은 다윗-솔로몬으로 이어지는 왕통이 영구하다고 보고 이상화하는 신학적 입장을 취하기 때문이다. 하지만 이 약속은 솔로몬의 순종에 의해 좌우되는 조건부이다_{대상 28:7, 9; 대하 6:16; 7:17-18}. 역대기 사가들의 시대에 다윗 가문은 스룹바벨로 대변되고 있었기에, 스룹바벨을 여고니아의 손자로 입양하는 형태를 취하여 솔로몬의 계통을 잇는 후손으로 기록하고 있다.

유대교와 신약에서의 나사렛 사상

유대교의 나사렛 사상　　구약 선지자들의 가지 사상은 유대교에서 어떻게 계승되었는가? 유대교에서 '가지'는 '메시아'의 의미로 사용되었다_{Stra-B I. 94; 사 11:1-5의 부분적인 인유: 1QSb 5:24; PssSol 17:35-37; 1Enoch 49:3; 62:2}. 그리고 구약 성경의 아람어 번역본인 탈굼도 가지를 메시아로 해석한다. 이와 더불어 싹은 가지의 동의어로 구약의 메시아 예언에 등장한다_{사 4:2; 렘 23:5; 33:15; 슥 3:8; 6:12}.

너의 뿌리로부터 어린 가지가 생길 것이요, 그 가지를 통하여 열방을 위한 의의 지팡이가 생겨날 것인데, 심판하고 주를 부르는 모든 자를 구원하리라(T. Jud. 24.6)

내가 그에게 아버지가 되겠고, 그는 나에게 아들이 되리라.
이것은 다윗의 가지를 언급하는데, 그는 마지막 날에 시온에서
일어나게 될 율법의 해석자와 더불어 일어날 자니라(암 9:11의
다윗의 무너진 장막을 일으킬 자이다, 4QFlor1.11-12)

창 49:10에 대한 해석. "한 통치자가 이스라엘이 통치를 하는
동안에 유다 지파를 떠나지 않을 것이며, 다윗에게 속한 왕이
끊어지지 않을 것이다. 이는 지팡이가 왕권의 언약이다. 수천의
이스라엘이 발밑에 있을 것인데, 의의 메시아, 다윗의 가지가
오실 때까지라. 이는 그와 그의 씨에게 영원한 세대 동안에 그의
백성을 다스릴 왕의 언약이 주어졌음이니라"(4QPBless)

이사야 11:1-5와 그 해석(4QpIsa 3:15-26)

키팀(칠십인역과 중간기 문헌에서 이스라엘의 대적을 지칭하는 상징)에
대한 종말론적인 전쟁으로 "회중의 왕자" 또는 "다윗의 가지"
로 표현되는 메시아 다윗의 승리를 표현하고 있다(4QpIsaa frag.
A 4Q161, 4Q285)

쿰란 공동체는 앗시리아 대신에 로마의 멸망과 다윗의 가지인 메시아의 승리를 기대하였다(Bauckham, 2010: 193-205).

위경 제2바룩 36-40장[39:5]에서 제4왕국[다니엘서 7장의 로마제국]이 멸망하고 메시아적인 통치자가 승계하는 그림이 묘사되어 있다. 여기서 제4왕국은 큰 산들로 둘러싸인 큰 숲이고, 메시아는 한 포도나무와 샘으로 등장한다. 샘에서 물이 흘러 숲으로 스며들어서 모든 나무의 뿌리를 뽑아 버리고 산을 평지로 만든다[40:4-5; 사 36:5, 2:12-14; 세례요한과 눅 3:9, 3:16]. 이 숲에서 유일하게 마지막으로 남은 세달 나무[로마의 마지막 황제]가 넘어져서 포도나무에게 인도되어 그 악한 통치로 인해 책망을 받고 정죄를 받아 숲의 다른 나무들과 같이 재로 변한다. 여기서 '가지'의 다른 표현인 '싹'이 이사야 4장 2절, 예레미야 23장 5절, 33장 15절, 스가랴 3상 8질, 6장 12절과 같은 맥락에서 사용된다. 특히 이사야 11장 1절의 '가지'와 '싹'은 포도나무로 표현되어 시편 80편과 에스겔 17장 6-8절의 영향을 받았으며, '샘'은 이사야 8장 6절과 창세기 49장 10절의 영향을 받았다.

신약의 나사렛 사상

또 이사야가 이르되 이새의 뿌리 곧 열방을 다스리기 위하여 일어나시는 이가 있으리니 열방이 그에게 소망을 두리라 하였느니라(롬 15:12)

장로 중의 한 사람이 내게 말하되 울지 말라 유대 지파의 사자 다윗의 '뿌리'가 이겼으니 그 두루마리와 그 일곱 인을 떼시리라 하더라(계 5:5)

나 예수는 교회들을 위하여 내 사자를 보내어 이것들을 너희에게 증언하게 하였노라 나는 다윗의 뿌리요 자손이니 곧 광명한 새벽별이라 하시더라(계 22:16)

여기서 '뿌리리짜'는 이사야 11장 1절, 10절을 인용한 것으로, 이새/다윗의 근원이라는 주장이 아니라 후손을 표현하는 은유적인 동의어이다. 외경인 집회서 47장 22절에서 하나님이 "[야곱]으로부터 나오는 뿌리를 다윗을 위해 주신다"고 한다. 이 구절에서 뿌리는 이전의 작게 자란 부분에서 나오는 가지로서, 씨스페르마나 후손에크고노스과 나란히 사용되어 후손의 의미를 나타낸다. 계시록 22장 16절에서 '다윗의 뿌리요 자손'이라는 표현은 이사야 11장 10절의 표현을 요약하여 역순으로 표현하는 방식이다. 특히 이 구절에서 뿌리는 이사야 11장 1절의 'נצר'게자가 아닌 11장 10절의 'שרש'소레쉬를 번역하여 사용하고 있다[Bauckham, 1993: 323]. 이사야 11장 10절의 '이방의 기치로 일어설 것이다'는 표현이 칠십인역에서 '이방인을 다스리러 일어나는 자'로 의역이 되고, 이 표현은 로마서 15장 12절에서 인용되었는데, 계시록에서는 이사야 11장 10절의 '뿌리'가 메시아의 부활과 관련된 예언 구절과 결합되어 표현된다[계 5:5-7; 2:27b-28]. 또한 '뿌리'는 이사야 5장 24절과 이사야 53장 2절의 '연한 순'이라는 개념을 함께 가지고 있다. 또한 '새벽'은 싹체마흐과 동의어로 사용된다. 로마서와 계시록은 '가지' 사상을 발전시켜서 다른 기독론적인 칭호들을 설명하는 내용들과 결합시킨다.

누가판 예수 족보와 나사렛 기독론

예수가 '가지'라는 나사렛 기독론은 누가판 예수 족보에 잘 반영되어 있다[상세한 논의는 '누가판 예수 족보의 기원과 의의', 〈신약논단〉 제9권, 2002, 103~132면 참조]. 족보는 명예를 지고至高의 사회적 가치로 여기는 지중해 사회에서 한 사람이 그 사회에서 '수여받은 명예'를 주장하는 중요한 자기소개서이다. 누가는 예수를 소개하면서 세례 이후에 메시아적 신분과 사명을 받은 자로서 그럴 만한 자격이 있는지 증명하기 위해 예수의 족보를 도입한다. 누가의 족보신학은 예수가 '가지'인 나사렛으로서, 에녹의 예언과 이사야와 에스겔의 예언을 성취하여 이스라엘의 회복과 영광을 위해 부름을 받은 메시아일 뿐 아니라 온 인류의 구원을 위한 메시아임을 나타낸다.

마태판 족보^{마 1:1-16}는 설교의 본문이 되어 일반적으로 잘 이해되고 있는 편이나, 누가판 족보^{눅 3:23-38}는 설교 본문으로 채택되는 경우가 드물고 학계 연구도 빈약하다. 마태판 족보는 예수가 다윗의 아들이자 아브라함의 후손임을 나타낸다. 'דוד'^{다윗}의 알파벳에 따라 세 개의 단락으로 구분되며, 다윗 이름의 숫자가 14이기에 각 단락에 14명을 배치하여, 예수가 다윗의 후손으로 다윗의 아들에 대한 예언과 기대를 성취하는 분임을 나타낸다. 반면에 누가판 족보는 전체를 이해하는 데 몇 가지 특징을 고려해야 한다. 첫째는 숫자의 조합을 통해 뜻을 드러내는 게마트리아 방식이고, 둘째는 유대문헌 중 에녹서에 대한 이해이며, 셋째는 형성 과정이다.

누가판 족보는 아담부터 예수까지 77 인간 세대로 구성되어 있는데 일곱 세대를 열한 그룹으로 묶고 있다. 이는 세계 역사를 열두 기간으로 나누는 에녹의 묵시 사상과 관련되어 있다. 유대 묵시 문학 중에서 에녹서는 당시 유대교에서 두루 읽히던 문헌이었으며Milik 1976; VanderKam 1984, 초대 교회에서도 많이 인용하던 문헌이었고, 특히 예수의 가족에게 깊은 영향을 주었던 책이다Vorster, 1983; VanderKam 1996. 성경에서 11은 세상 역사를 나누기에 불완전한 숫자이지만 77$^{7×11}$은 완전수이다. 7은 충만, 완전을 지칭하며, 77은 궁극성, 최종성을 나타내는데 측량 한계를 넘어선 충족성을 의미한다참고. 창 4:24; 마 18:22.

누가 족보에서 7은 중요하다. 7은 유대교에서 안식적인 의미를 가진다. 묵시 문헌인 에녹서의 '몇 주간의 묵시록'에서 각 주간의 마지막인 7세대에 속한 시대에 세계사에서 중요한 일들이 일어난 것과 같이, 누가 족보에서 아담으로부터 시작하여 숫자 7의 위치에 있는 자들은 잘 알려져 있으면서도 중요한 인물들이다. 일곱 번째 자리에 에녹이 위치해 있다. 에녹은 아담의 7세손으로 잘 알려져 있고, 이것은 그를 특별하게 숭요한 인물로 구별을 짓는다에녹 1서 60:8; 93:3; 희년서 7:39, 유다서 4절; 모세가 아담의 7세손으로 묘사된 경우: Philo Moses 1.17; Josephus Ant. 2.229.

예수의 이름이 7×7=49의 자리, 즉 희년의 자리참조. 희년서의 여러 곳과 단 9:24–27; 11QMelch.; 4QPs–Ezkel; 4Q180, 4Q181 등, 그리고 77번째 자리에 등장한다. 숫자 77은 숫자상으로나 의미상으로나 세상 역사의 세대들이 진행하게 될 절정^{에녹 1서 10:12=4QEnb 1.4.10}이다. 이 자리에 예수를 배치하고 있는데, 이는 예수의 이름에 의미심장한 의의를 부여한다는 증거이다. 그렇다면 예수가 세상 역사의 절정이자 끝이며, 새로운 세상을 여는 시작으로 묘사된 이유는 어디에 있는가? 에녹 1서 10장 12절^{4QEnb 1.4.10}에서 천사장 미가엘은 타락한 천사들인 꿈꾸는 자들을 "그들이 심판을 받을 때까지 깊은 땅 계곡 속에 70세대 동안" 가두도록 지시를 받았다^{Knibb 1978:89}. 이 꿈꾸는 자들의 심판 날이 바로 세상 역사의 종말인 심판의 날이다. 이 타락한 천사들을 가두는 일은 언제 벌어졌는가? 에녹이 하늘로 올라간 이후, 그의 아들 므두셀라의 생애 동안이다. 에녹 1서 10장 12절에서 아담으로부터 마지막 심판까지 77세대를 구성하고 있다⁷⁺⁷⁰. 따라서 족보의 원저자는 예수의 세대가 종말 이전의 마지막 세대임을 분명히 묘사하면서, 예수는 바로 이 세대의 중심인물이자, 다음 12번째 시대를 여는 종말론적인 묵시적 인물로서 묘사하고 있다.

또한 누가판 족보는 3단계에 걸쳐서 완성되었다^{Bauckham 1990: 353–355}. 첫째, 먼저 바벨론 포로 귀환 이후 유대 공동체의 기본 작업이다. 이 시기는 유대인의 순수성과 정통성이 매우 민감하게 고려되던 시기였다에 2:59=느 7:61. 예루살렘 거주민들 가운데서 스룹바벨 가문이 정치적으로 탁월한 위치에 있었으므로 그의 지위에 정당성을 부여하기 위해 다윗-나단-스룹바벨로 이어지는 족보가 일차적으로 형성되었다. 둘째, 다음으로 예수의 친족들이 1차 문헌에다 에녹의 묵시적 전통과 메시아의 다윗적 혈통 사상을 결합시켜서 족보를 작성하여 나사렛 예수가 메시아라고 전하는 전도용 문서로 사용하였다. 셋째, 누가가 이 족보를 자신의 자료로 삼아서 약간의 편집을 가하였다.

다윗-나단-스룹바벨 계통의 중요성　　누가 족보를 역대기나 마태판과 비교했을 때에, 다윗에서 예수에게 이르는 과정에 한 가지 특이점이 발견되는데, 다윗-솔로몬-유다 왕의 계보가 아닌 구약에 전혀 등장하지 않는 다윗-나단의 계보로 이어지는 점이다.

　　나단은 누구인가? 나단은 선지자 나단이 아니라 밧세바의 아들이다. 유대교의 해석 전통에 나단이 선지자 나단이라는 해석이 등장하지만슥 12:12의 탈굼 필사본 이는 공상이다. 사실 나단은 다윗의 영원한 왕위에 대한 신탁을 전한 선지자이고, 이 나단의 신탁은 예레미야의 여고니아에 대한 저주 신탁렘22:30으로 위기를 맞이한다. 이 위기를 극복하는 대안으로서 다윗-솔로몬으로 이어지는 왕통이 아닌, 다윗-나단으로 이어지는 비왕통 계열에서 다윗 후손을 찾아야 했다.

나단의 가문은 포로 후기 시대에 두드러진 다윗 혈통이다. 이는 스가랴서 12장 12절에 증명되어 있다. 당시 예루살렘은 다윗 가문과 제사장, 레위 족속이 주도하는 것으로 묘사되어 있다. 나단의 가문이 다윗 집의 대표이듯이, 시므이 가문은 레위 족속의 대표이다. 역대상 23장은 레위 지파를 24반차로 나눈다. 이 중에서 아삽의 아들이 성전 음악을 담당하는 가문이고, 시므이가 아삽의 세 가문 중에 두목에 속하여 있다대상 6:39-43. 성전 성가대는 레위 족속 중에서도 엘리트이며, 아삽의 아들들은 포로 후기 공동체에서 탁월한 집단이었다에 2:41=느 7:44. 즉 시므이 가문이 레위 가문에서 탁월하였듯이 나단의 가문도 다윗의 가문 중에서 가장 탁월한 가문이었다.

그러면 왜 스룹바벨이 이러한 다윗 왕통의 위기를 극복하는 통로가 되어야 했는가? 포로 귀환 후 스룹바벨은 탁월한 정치적 위치에 있었고 또 성전 재건을 주도하였다. 족보에 스룹바벨 앞에 등장하는 '레사'는 원래 있던 이름이 아니라 아람어로 ‘머리, 우두머리, 지도자’로서 Harvey, 1853, 원래 스룹바벨의 호칭이다. 족보의 원저자가 스룹바벨의 이름 앞에 ‘레사’라는 칭호를 포함시킨 이유에 두 가지 해석이 가능하다. 첫째, 스룹바벨은 다윗 집의 머리이다 라 4:3; 학 2:23; 슥 3:8; 6:12-13. 스룹바벨의 후손에게서 이스라엘을 다스리는 약속된 다윗적 통치자의 회복이 예상되었다. 둘째, 스룹바벨이 유대 왕에 대한 언약 갱신을 예언한 호세아 1장 11절에 따라서, 민족의 회복에 신적으로 임명된 지도자의 역할을 하였다는 점이다. 바벨론 포로에서 귀환하여 회복된 유대 공동체가 연합하여 세운 한 목자 또는 한 왕이 다윗의 종이라는 에스겔 37장 21-24절의 예언에 따르면, 다윗 보좌의 회복은 스룹바벨의 후손에서 비롯된다는 암시 ㄴ 7:7를 준다. 왜 족보는 여고니아와 유다 왕이 아닌 나단-스룹바벨의 계통을 취하는가? 이미 예레미야의 여고니아 저주 신덕으로 다윗 언약의 갱신은 예고되어 있었다. 그 핵심은 왕의 혈통이 아닌 비왕족 계열을 통해 다윗 언약이 성취될 것이라는 점이다. 그래서 스룹바벨의 아버지 스알디엘은 여고니아의 장자이자 스룹바벨의 삼촌이다. 그래서 스룹바벨은 여고니아의 혈통을 이어받는 자가 아닌, 입양 또는 계대 결혼법으로 다윗의 혈통을 이어 간다.

누가판 족보와 예수의 친척들 다윗-나단-스룹바벨 계통은 포로기 이후 유대 공동체에서 형성된 부분이다. 이 족보는 앞으로는 아담까지, 뒤로는 예수까지 확장되고 있다. 이는 에녹 사상의 묵시적 세계 역사 구도에 맞추어, 예수가 다윗 보좌의 합법적인 상속자일 뿐 아니라 세계 역사의 절정이며 완성이라는 메시지를 나타낸다. 족보에 이러한 메시지를 구성한 장본인들은 예수의 친족들이다. 예수가 다윗 후손이라는 전승은 매우 초기의 것으로, 이미 바울에게 알려져 있었고롬 1:3, 예수 가족들은 자신들이 다윗의 후손임을 믿고 있었다Eusebius. HE 3.20.1–2; 3.32.3.

율리우스 아프리카누스Julius Africanus, Letter to Aristides, 3세기 전반의 증거를 보자. 아프리카누스는 예루살렘Aelia Capitolina에서 출생하여 엠마오Nicropolis에 살면서 초기 팔레스타인 기독교 전승을 접했다. 당시에 예수의 가족들의 후손은 나사렛에 살고 있었다Martyrdom of Canon 4.2. 그는 예수의 친족들에게서 전수되어 온 예수의 족보에 관한 전승을 알려준다.

헤롯이 안토니우스와 로마 원로원의 칙령에 의해 유대인의 왕으로 임명되었을 때에 암몬 또는 모압 족속의 혼혈족이라는 결정적인 약점을 안고 있었다. 그는 자신과 이스라엘 족속 사이에 어떤 혈연적 연결점도 찾을 수 없게 되자 예루살렘 성전 고문서 보관소에 등재되어 있던 모든 족보와 기록을 불태워 버렸다. 그러면 자신이 유대 사회에서 귀족으로 대우를 받을 수 있다고 보았다^{Eusebius HE 1.7.11-13}. 헤롯이 이들 문서들을 파기했기 때문에 예수의 족보에 대한 공식 기록이 남아 있지 않다. 그러나 평민들은 족보를 사적으로 가지고 있었고, 특히 포로기 이후에 순수한 유대인 혈통에 대한 민감한 의식 때문에 다윗의 후손들은 특히 메시아가 다윗의 후손이라는 자부심으로 인하여 구전이든 기록이든 족보를 기억하고 있었다. 이들 가운데 예수의 친족들^{desposynoi, 주께 속한 자들}도 있었다.

나사렛과 코크바의 유대 마을로부터 땅의 나머지 부분들을 여행하면서 그들이 가지고 있던 가족 전승과 날들의 책^{역대기}으로부터 추적할 수 있는 한 족보를 주해하였다.

예수의 친족들이 족보를 주해했다는 사실은, 예수가 다윗의 후손이라는 것을 증명하는 것 이상으로 족보가 신학적 의의를 가지고 예수에 관한 복음 메시지를 강해하는 일부로 사용되었음을 뜻한다. 따라서 예수의 족보는 일종의 전도지로서 예수 친족의 선교 신학적 문서였다.

이번에는 유다서의 증거를 보자. 누가판 족보가 에녹 문헌에 영감을 받았고, 예수 당대에 만들어졌을 가능성을 제공하는 자료로서 유다서를 빼놓을 수 없다. 유다서의 저자는 예수의 형제로서 에녹 문서에 익숙하였다. 다른 초기 기독교 저자들이 구약 성경을 적용하였듯이, 유다는 에녹 문헌에 주의를 기울였고 기독론적인 흥미를 느꼈다[Bauckham 1983:50-53; 93-101].

에녹 1서 10장 12절은 타락한 천사의 결박에서 마지막 세대까지 70세대를 계수한다. 이는 유다서 6절에 거의 축어적으로 나타나 있다. "또 자기 지위를 지키지 아니하고 자기 처소를 떠난 천사들을[참조. 에녹 1서 12:4; 15:3, 7] 큰 날의 심판까지 영원한 결박으로 흑암에 가두셨다[참조. 에녹 1서 10:4-6]". 유다서 14절은 에녹을 아담의 7세손으로 부르며, 세계 역사의 일곱 번째 세대로서 에녹에 특별한 위치를 부여한다. 유다는 그의 서신의 24구절 중에 족보의 안식적 구조 중에 두 가지 가장 본질적인 기초들을 참고하고 있다.

특히 유다가 아담의 7세손 에녹의 예언[14절]과 우리 주 예수 그리스도의 사도들의 예언[17절]은 매우 옛적부터 전해 오는 예언과 매우 최근의 예언으로서 짝을 짓고 있는 동시에, 에녹서의 안식적 구조에서 7번째와 77번째 세대의 예언이다. 즉 세계 역사의 첫 번째 주의 마지막과 마지막 주의 마지막이다. 타락한 천사들의 결박에서 최초의 심판을 목격한 한 선지자에녹와 악의 세력의 최종적인 심판을 보며 살게 될 선지자들사도들의 예언이 짝을 이루고 있다.

이러한 점을 볼 때에 누가판 예수 족보는 나사렛 기독론을 구체화시키며, 세계 역사에서 궁극적으로 중요한 의의를 지닌 위치를 예수에게 부여한다. 또 예수가 예언된 메시아적 가지로서 비왕족 계열의 다윗 후손임을 강조한다. 뿐만 아니라 족보는 예수가 제2의 다윗임을 밝힌다. 다윗은 특별한 의의를 가진 다섯째 주의 마지막에 있는 안식적 자리를 차지하고 있고, 예수의 자리는 11번째 주간, 즉 77번째 세대의 마지막으로 아담 이래 모든 조상들을 능가하고 있다. 예수는 다윗의 후손인 메시아일 뿐 아니라, 아담 이래로 모든 인류 후손들을 능가하는 분으로 에녹보다 위대하고 다윗보다 위대한 분으로서 세계 역사의 중심이자 완성이시다. 이제 마가복음 12장 35-37절=마 26:41-46=눅 20:41-44에서 예수의 시편 110편 1절에 대한 주해로 넘어가자.

**다윗 언약과
가지 사상**　　　"이새의 줄기뿌리에서 한 싹가지이 난다"사 11:1, 10는 이사야의 예언을 비롯한 선지자들의 가지 사상은 선지자 나단에 의한 다윗 언약삼하 7:14-16을 수정시킨다.

> 나는 그에게 아버지가 되고 그는 내게 아들이 되리니 그가 만일 죄를 범하면 내가 사람의 매와 인생의 채찍으로 징계하려니와 내가 네 앞에서 물러나게 한 사울에게서 내 은총을 빼앗은 것처럼 그에게서 빼앗지는 아니하리라 네 집과 네 나라가 내 앞에서 영원히 보전되고 네 왕위가 영원히 견고하리라 하셨다 하라

이 나단의 신탁은 다윗의 후계를 통한 왕위 계승이 영원히 계속되리라는 약속이자, 다윗 왕족의 정통성을 뒷받침하는 언약적 기반이다. 그런데 다윗 혈통의 왕위 계승에 심각한 문제가 생겼다. 유대 왕들의 심각한 우상숭배, 성전과 율법에 대한 신실하지 못함으로 나단의 신탁을 통해 정통성을 인정받는 유다 왕들에 대한 하나님의 신적 보증은 철회되었다. 그래서 다윗 후손의 왕위 계승에 대한 나단의 신탁은 여고니아에 대한 예레미야의 저주 신탁에 의해 수정이 불가피해졌다렘 23:5-6; 산문체로 33:15-16.

　　예레미야는 다윗의 후손에게서 한 "의로운 가지"체마흐 체데크가 나타날 것을 예언한다. 이는 이사야 11장 1-10절의 이새의 줄기/뿌리에서 난 싹과 가지의 예언과 일치한다. 이와 더불어 선지자 미가는 메시아 탄생이 예루살렘이 아닌 다윗의 고향인 베들레헴에서 있을 것이라고 예언한다미 5:2. 바벨론 포로에서 귀환한 유대 선지자들은 스룹바벨이 '가지'라고 선포한다슥 3:8; 6:12.

　　이러한 구약 선지자들의 예언과 더불어 예수 당시 유대인들은 이미 다윗의 혈통이 아닌 다른 왕들의 통치를 경험하고 있었다. 하스모니아 왕조가 제사장과 왕의 역할을 겸하는 데 대해 경건한 유대인들의 의견은 갈라졌다. 마카비 반란에 동참하였던 하시딤경건한 유대인이 사두개파, 바리새파, 에센파 등으로 노선을 달리한 것은 하스모니아의 신적 정통성에 대한 의문 때문이었다. 이스라엘의 기록한 전통에서 제사장이 왕이 될 수 있는가? 또한 예수 당시 유대를 통치하고 있던 이두매 출신암몬 족속의 헤롯 왕족이 정통성이 없음은 공공연한 사실이었다. 헤롯은 이를 무마하기 위해 정통성 입증과 더불어 유대 친화 정책을 펼쳤지만 헤롯 왕조에 대한 반감은 확연하게 드러났다. 사두개파 외에는 이들의 통치가 하나님의 뜻을 저

버리는 것이라고 생각하고 있었다. 하스모니아 왕조나 헤롯 왕조가 유대인들에게 정통성을 인정받기 위해 신학적 노력을 기울였겠지만 유대인들에게는 거룩한 전승에 따른 왕들이 아니었다.

따라서 당대 유대인은 메시아라고 주장하는 자의 출신, 출신 지파를 중요하게 고려하였다. 이러한 유대인들에게 나사렛 사람이라는 표현은 상당한 거부감을 주었을 것이다. 예수 당시에 누구도 갈릴리 나사렛을 메시아의 탄생지로 상상하지 못했을 것이다.

마가는 나사렛 예수가 다윗의 후손이라는 문제를 논증하기 위해 "어찌하여 서기관들이 그리스도를 다윗의 후손이라고 하느냐?"는 화두를 성전에서 예수가 꺼내어 자문자답하는 장면을 소개하고 있다막 12:35-37, 마 22:41-46, 눅 20:41-44. 예수가 다윗의 후손이라는 신념은 초기 기독교에 폭넓게 자리를 잡고 있었다마 1:6, 17, 20; 막 10:47-48; 눅 1:27, 32; 3:31; 행 2:30; 12:23; 15:16; 롬 1:3; 딤후 2:8; 히 7:14; 계 5:5; 22:16; Did 10:6; Asclsa 11:2; Ignatius, Eph. 18:2; 20:2; Smyrn 1:1; Trall. 9:1. 그런데 왜 성경은 이 논쟁을 기록하고 있는가? 예수는 자신이 다윗의 후손이라는 점에 대하여 어떤 태도를 나타냈는가?

여기서 예수의 역질문의 요지는 랍비적 전승에 따르면

두 구절이 다 옳지만 다른 관점을 가진다는 대답을 얻고자 함이다. 메시아가 다윗의 후손이라는 점은 당대의 성경 주석가인 서기관들이 만장일치로 동의하는 점이며, 이 기존의 논리를 기반으로 자신의 논지를 펼쳐서 청중독자의 입으로 답을 하도록 만드는 기법을 사용하고 있다.

   1. 어찌하여 서기관들이 그리스도를 다윗의 후손이라고 하느냐?

   2. 시편 110편 1절이 말하는 바에 따르면 다윗이 메시아를 주라고 불렀는데 어찌 메시아가 다윗의 자손이냐?

   3. (메시아는 다윗보다 더 크다.)

예수는 자신이 다윗의 후손이지만 솔로몬과 같이 단순히 왕위를 승세하는 자가 아니라 다윗을 능가하는 자임을 나타낸다. '위대한 다윗의 위대한 아들.' 예수가 주장하는 하나님 나라는 단순한 유대의 민족적인 주권과 관련된 다윗 왕조의 회복 그 이상으로서, 하나님이 창조하신 우주 세계에 대한 주권의 회복이자 통치를 의미한다. 만일 예수가 솔로몬처럼 다윗의 왕위에 대한 합법적인 계승자임을 주장했다면 그의 형제들이 예수를 뒤이어 왕위의 계승자라고 주장하였을 것이다. 예수는 이 논쟁을 통해 자신은 선지자들에 의해 '예언된 메시아적 가지'로서 비왕족 계열의 다윗의 후손이자 그 이상임을 강조하여 드러낸다.

예수의 나사렛 선언

누가복음 4장 16-29절을 보면 안식일 날, 예수는 자라신 곳 나사렛의 회당에서 이사야 61장 1-2절을 읽고 "이 글이 오늘 너희 귀에 응하였느니라" 하신다. 이를 우리는 '나사렛 선언'이라고 한다. 이 나사렛 선언은 예수님의 공식적인 데뷔 메시지이다. 이를 통해 예수님은 하나님의 아들로서 자신의 신원과 사역에 대한 매니페스토를 밝히셨고, 이에 대한 나사렛 주민의 반응과 예수님의 대응을 기록하고 있다. 공관복음에 나타난 예수의 첫 메시지의 위치와 내용을 비교해 보자.

때가 차고, 하나님 나라가 가까웠으니, 회개하고 복음을 믿으라
(막 1:15)

회개하라 천국이 가까웠느니라(마 4:17)

주의 성령이 내게 임하셨으니 이는 가난한 자에게 복음을 전하게 하시려고 내게 기름을 부으시고 나를 보내사 포로 된 자에게 자유를, 눈 먼 자에게 다시 보게 함을 전파하며 눌린 자를 자유롭게 하고 주의 은혜의 해를 전파하게 하려 하심이라
(눅 4:18-19, 사 61:1-2의 인용, 마소라 사본과 칠십인역의 결합)

　　마태와 마가는 예수의 공식 데뷔 메시지로 하나님 나라의 임박성과 회개를 촉구한 후 나사렛 회당 에피소드를 훨씬 이후의 순서^{마 13:53-58; 막 6:1-6}에 배열하였다. 반면 누가는 예수 사역의 첫머리에 이사야 61장을 인용하여 예수가 자신의 신원과 사역을 공포하도록 배열하고 있다. 누가에게 나사렛 선언은 마가와 마태의 하나님 나라 선포와 동등한 비중을 차지한다. 대중 앞에서 직무를 수행하는 사람의 첫 발언과 사역은 중요한 의미를 가진다. 누가에게 예수의 나사렛 선언은 하나님 나라 선포이다. 나사렛 선언은 하나님 나라의 시작을 알리는 선언이며, 하나님 나라 복음의 내용이다. 나사렛 예수는 자라나신 곳의 회당에서 하나님 아들로서의 첫 공식 발언으로 이사야서 61장 1-2절을 택하였다. 나사렛 선언은 하나님 아들로서 정체성과 사역을 밝히는 청사진이자 일종의 정강 정책이다. 따라서 나사렛 선언은 누가복음을 읽는 독자에게 앞으로 행하여질 나사렛 예수의 사역을 이 매니페스토에 맞추어서 평가하도록 기준을 제공하고 있다. 그리고 나사렛 예수가 선포하는 하나님 나라는 이 나사렛 선언의 구체적인 실현을 통해 현실적인 대안으로서 하나님의 통치를 1세기 유대 백성의 삶에 가시적으로 드러낸다.

나사렛 선언 — 예수의 신원

나사렛 선언의 문학적 구조는 '나'의 삼중적 반복과 '해방, 놓임'의 이중적 반복이다. '나를 통한 회복'이 선언의 초점이다. 예수는 자신의 인격과 사역을 통해 가난한 자들에게 복음이 전해지며, 선지자들이 예언해 왔고 당시 사람들이 갈망해 왔던 희년이 시작되었음을 선포한다. 하나님 통치의 회복을 선포하는 것이다. 구약 선지자들의 비전에 강하게 자리를 잡고 있는 희년 사상이 나사렛 예수의 인격과 사역을 통해 성취되고 있다. 이스라엘 땅에 하나님의 구원이 임하여 하나님 백성인 이스라엘의 잃어버린 자들이 돌아오고, 이방인들이 돌아오고, 하나님 백성의 빚[죄]이 탕감되는 선지자의 비전과 신명기적 이상이 이제 나사렛 예수를 통해 실현된다. 이 희년 실현의 주체는 성령이 기름 부으신 자[나]이다.

나사렛 선언에서 '나'는 누구인가? 이사야서의 독자들은 61장의 '나'가 41-53장의 '야훼의 종'임을 안다. 그 종은 '기름 부음을 받은 자'이다. 구약에서 기름 부음은 특별한 사명과 관련된다. 사명을 위임받은 자에게 성령의 기름 부음이 주어진다. 구약 메시아 이해에 있어서 중요한 인물은 페르시아의 고레스 왕이다. 이사야 45장 1절은 고레스를 '그의 기름 부음을 받은 자', 즉 메시아로 소개한다. 고레스에게는 유대 백성을 본국으로 돌려보낸다는 칙령 포고의 특별한 사명이 있었다.

　　그러면 예수에게 언제 '기름 부음'이 있었고, 예수는 언제 어떻게 메시아적인 자의식을 가지게 되었는가? 예수의 메시아적인 자의식은 세례와 깊은 관계가 있다. 복음서에는 예수가 마지막으로 예루살렘 성전에서 일련의 소동을 벌이는 이야기가 기록되어 있다. 흔히 '성전 청소'라고 부르지만 선지자적이자 상징적인 행동이었다. 그 사건 직후 예수님이 성전에 다시 들어가시자 당시 유대교를 대표하는 대제사장들과 서기관들과 장로들이 질문을 한다^{막 11:27 이하}. "무슨 권위로 이런 일을 하느냐? 누가 이런 일 할 권위를 주었느냐?" 성전 내의 모든 권위적 행동은 제사장에게 있었다. 가르치는 자격, 병을 고치는 자격, 제사를 봉헌하는 자격 등. 예수님은 이 질문에 바로 대답하지 않고 역질문을 하신다. "요한의 세례가 하늘로부터냐? 사람으로부터냐? 이 질문에 대답하여야 너희의 질문에 대답하겠다." 왜 예수님은 성전 활동에 관한 질문에 요한의 세례라는 화두를 제기하시는가? 이는 요한의 세례가 예수님의 신분과 권위에 본질적 관련이 있음을 시사한다^{Jeremias, 1971: 49-55}.

　　누가에 따르면 예수가 요한에게 세례를 받을 때에 몇 가지 일이 나타난다눅 3:21-22. 하늘이 열리고, 성령이 강림하고, 하늘로부터 소리가 들렸다. 그러나 요한의 세례가 이런 일을 자동적으로 가져오지 않는다. 예수에게 세례를 집례하고, 주의 백성을 불러 모아 주의 길을 예비하는 것이 요한의 임무이다. 그 이상은 아니다눅 7:28. 세례 이후에 예수는 기도하였다. 누가는 기도에 특별한 관심을 가지고 있다6:12; 9:18, 29-29; 11:1; 22:41. 누가는 예수의 사역이 결정적으로 진전될 때마다 예수의 기도를 주목한다. 그래서 마가의 '물에서 나오는' 장면을 기도하시는 행동으로 수정하였다. 기도하실 때에 예수의 세례는 특별한 세 가지 연출로 그 의미가 극대화되었다.

첫째, 성령이 강림하였다. 예수 당시 유대교에서 성령 강림은 거의 대부분 선지자적 영감을 의미한다Billerback I.125. 예수는 성령의 기름 부으심으로 비로소 하나님의 대리인메시아이라는 특별한 사명을 위임받는다. 하지만 구약의 선지자와 예수는 근본적 차이가 있다. 예수 당시 유대교에서는 성령이 소멸되었다고 확신하였다1 Macc. 4.46; 9.27; 14.41. 예언도 그쳤다Syr. Apoc. Bar. 85:3; Josephus, Conr. Apion. 1:41 참고 시 74:9. 그러나 예수 당시 종말론적 열정을 가진 집단, 즉 쿰란 공동체는 성령이 그들 가운데 역사하고 있다고 보았고, 성령을 통해 정결하게 되고 하나님에 대한 지식을 받는다고 한다1 QH 12.11이하; 13:19; 14:13; 16:11. 요세푸스는 에센파가 예언의 영을 가졌다고 두 번이나 보고하지만Ant. 13.311-13; 15.373-79, 선지자들에게 적용된 '예언'이라는 단어는 그들에게 적용하지 않는다. 쿰란 공동체를 예외로 본다면 유대교의 일반적인 확신은 성령이 소멸되었다는 입장이다. 세례 요한과 그의 공동체도 동일하게 생각하였다행 19:2. 성령이 소멸되었다는 것은 예언이 그쳤고, 하나님의 영광이 떠났으며, 하나님이 침묵하시므로, 그 백성은 하나님과 소원하게 되었음을 의미한다. 그러나 다윗의 후손 메시아는 성령을 받는다사 11:2; Pss.Sol. 17:37, 42.

이러한 맥락 속에서 예수에게 성령이 임했다는 것은 새로운 시대의 도래를 의미한다. 하나님께서 그 백성을 친히 방문하시고 돌아보시는 시간이 되었다. 하늘의 문이 열리고 하늘과 소통이 가능하게 되었다. 그 시작은 예수이다. 나사렛 선언에 열거된 예수의 모든 사역은 성령의 역사가 함께함으로 가능하게 되었다.

둘째, '하늘이 열린다'는 표현은 묵시적 계시가 임하는 상황을 설정하는 전형적인 모티브이다겔 1:1; 요 1:51; 행 7:56, 10:11; 계 4:1; 19:11; 2 Apoc. Bar. 22:1; T. Levi. 2:6; 18:6-7; T. Jud. 24:2. 비둘기 모티브는 노아 홍수에서 새로운 시대를 알리는 전령으로서 새 싹을 물고 온 그 이미지를 연상시킨다창 8:11; b. Git. 45a; b. Sanh. 95a. 성령의 강림은 새로운 시대를 알린다.

셋째, '하늘로부터 소리'는 묵시적 계시의 사건이 일어날 때 등장하는 요소이다사 6:4, 8; 겔 1:25, 28-2:1; 계 4:1; 10:4; 4 Ezra 6:13. 이 소리는 예언이 그치고 성령이 소멸된 상태에서 임시적 대체방안이었던 '소리의 메아리'바콜와는 다르다. 하늘의 소리야훼 콜, 시 29편는 한결같이 명령법을 동반하는데 이 경우는 예수의 신적 위임의 메시지를 전하는 소리이다. 예수의 세례에 나타난 초자연적인 징조들은 이 사건이 땅의 한구석에서 일어나는 일상적인 사건이나 연출된 사건이 아니라 우주적 드라마임을 나타낸다.

세례는 일종의 통과의례이다. 통과의례는 신분의 변화를 가져오는 의식이다McVann 1991. 세례는 한 사람이 주어진 사회 제도 속에서 신분의 변환을 의미하는 예식으로서, 사회적으로 규정된 질서 속에서 경계선을 넘어섬을 기념한다. 예수님의 세례도 유대 사회 제도 속에서 주어진 사회 질서와 사회적 울타리를 넘어서 다른 신분으로의 전환을 의미한다. 어떤 신분의 변화가 있었는가? 요한의 세례의 의미는 그 형식이나 무대 설정보다 본질이 더 중요하다. 그 본질은 하늘에서 들려온 신적인 위임명령이다.

"너는 내 사랑하는 아들이라. 내가 너를 기뻐하노라." 하늘의 소리는 메시아 사상을 담고 있는 시편 2편 7절과 이사야 42장 1절의 미드라쉬토라에 나타나는 비일관성을 설명하거나 틈을 메우는 유대인의 주석 방법적인 융합이다. 어구가 정확하게 일치하지는 않지만, 전체 메시지는 이들 두 구절이 병렬 형태로 결합되어서 그 메아리가 강하게 공명을 울리며 퍼진다.

먼저 시편 2편 7절은 유대교에서 전형적인 메시아 예언 구절이다. 이 구절은 다윗 왕위의 영구성에 대한 나단의 신탁삼하 7:11-16이 다윗의 혈통을 잇는 왕들에게 계승됨을 공식적으로 선포하는 유대 왕들의 대관식에 사용된 의전용 제왕시이다Craig, 1983: 64. 이스라엘은 하나님의 아들이다출 4:22; 렘 3:19; 호 11:1. 그 대표로서 다윗의 후손이 즉위할 때에, 하나님과 하나님 백성 사이의 대표로서 '하나님의 아들'로 입양된다삼하 7:14; 시 89:26-27. 이미 기독교 이전의 유대교에서 시편 2편 7절은 메시아에게 적용할 수 있도록 숙성되어 있었고, 유대 문헌에서 메시아적인 의미로 전문화되어 사용되었다Pss.Sol. 17:32-34; 4QFlor 1:10-14; 1QSa 2:11-12; 4Q246. 따라서 예수의 세례 시에 하늘의 소리로 이 구절이 우주적으로 선포된 의미는 예수가 다윗의 후손으로서 그 위를 계승하는 왕적 메시아의 대관식이다.

그리고 이사야 42장 1절은 '고난받는 여호와의 종'을 노래한다. 이 구절은 고난받는 종의 노래 전체[40-55장]를 함축한다. 이사야 42장은 이사야 11장 1-10절, 61장과 유사한 언어와 이미지, 사상을 담고 있다. '종'에게 영을 주시고[1절], 회복[5절]과 치유[7절]의 메시지, 의[3-4, 6, 21절], 찬송[8, 10-13절], 길의 모티브[16절]가 함께 등장한다. 특히 7절은 61장 1절의 메시지와 유사하며, 20절은 61장 3절과 비슷하다. 이는 이사야 11장의 나사렛이 바로 고난을 받는 종이고, 이 종은 이사야 61장의 기름 부음을 받은 종이라는 연결 구도를 나타낸다.

이사야 42장 1절은 기름 부음 받은 자의 사역이 무엇인지를 나타낸다. 고난받는 종의 운명을 짊어지고, 고난을 통해 그 백성의 죄와 허물을 대속하고, 결박에서 자유하게 하고 상처를 치유하는 자이다. 그 절정은 53장에 이르러 기름 부음을 받은 자가 어떻게 죽을지를 예고하고 있다. 그 종은 이사야 41장 8-10절에 나타난 택한 야곱이요 아브라함의 후손으로서 하나님 백성인 이스라엘의 대표이다.

이 고난받는 종의 사상은 기독교 이전 유대교에서는 거의 묻힌 개념이다. 사도행전 8장 34절에서 에디오피아 여왕의 재무관리가 "이 선지자가 말한 것이 누구를 가리킴이냐?"고 빌립에게 묻는다. 아마 그가 이 질문을 한 첫 사람은 아닐 것이다. 예수 당시에 이 종에 대한 해석과 문헌은 극히 적다이사야 53장에 대한 탈굼은 예외. 당대 유대교는 메시아가 고난을 받는다는 개념에 적대적이어서, 재해석하거나 다른 이의 고난으로 전가시킨다. 그래서 주요 신약학자들C. K. Barrett, C. F. D. Moule, M. D. Hooker은 신약 시대에 예수의 사명을 그리스도인들이 이해할 때에 야훼의 종이 얼마나 주요한 역할을 하여, 그 이해를 발전시켰는지에 대해 의문을 제기한다France, 1992: 745. 신약 문헌에서 예수에게 '종'의 칭호를 부여하여 적용하는 경우는 오직 사도행전에서만 발견된다3:13, 26; 4:27, 30. 따라서 신약 이전에 여호와의 고난받는 종을 메시아 또는 하나님의 아들과 연결시키는 사상을 발견하기가 극히 어렵다. 그러나 예수는 요한의 세례를 통해 이 고난을 받는 여호와의 종을 자신의 신분과 사명으로 받아들인다.

다윗의 후손이자 '하나님의 아들'이라는 사상 그리고 고난을 통해 그 백성을 구원하는 '여호와의 종' 사상은 조화될 수 없는 개념이다. 유대교도, 세례 요한도 이해하지 못했고, 예수의 제자들도 십자가와 부활 이전에는 전혀 이해할 수 없었다. 그러나 다윗적인 메시아 사상의 이면에 흐르는, 고난을 통해 백성을 구원하는 자 사상은 나사렛 예수를 위한 비책이라고 할 수 있다.

결론적으로, 예수는 세례를 통해 시편 2편 7절과 이사야 42장 1절에 근거하여 메시아로서 자의식을 확증하였다. 나사렛 선언에서 이사야 61장 1-2절을 인용하여 자신의 신분과 사명을 선포한 것은 세례를 받을 때에 들려온 하늘의 소리에 근거하고 있음을 나타낸다. 즉 자신의 신분은 다윗의 후손이자 그 왕적 권위를 계승하는 '하나님의 아들' 메시아이고, 자신의 사명은 이사야가 예언한 고난받는 여호와의 종의 사역임을 공포한다. 나사렛 선언은 나사렛에서 시작하여 하나님 나라 복음을 선포하겠다는 결정이다.

나사렛 선언 — 예수의 사명

기름 부음을 받은 자로서 예수의 사역은 어떤 특징이 있는가? 그 사명의 핵심은 가난한 자에게 복음을 전함이다. 복음은 '복되고 좋은 소식'이다. 그리스 로마 세계에서는 황제의 대관식[Philo Leg. Gai. 18, 231; Josephus War 2.420; 4.618; War, 4.656]이나 인간에게 호의를 베푸는 신적 인간[divine man]의 등장[Philostratus, VA i.28; viii.27]이 주제였다. 하지만 예수의 삶의 정황은 유대 사회였다. 구약과 유대교에서 '복음'은 이사야가 맨 처음 사용하였다[사 40:9; 52:7; 61:1; 참고 나 2:1; 1QH 18.14; 11QMelchizedek 16]. 특히 이사야 52장 7절은 예수의 하나님 나라 선포와 복음을 강하게 암시하여 준다[Stuhlmacher 1991b]. 마가는 예수 그리스도 복음의 시작을 알릴 때에 '선지자 이사야의 글'에 근거하고 있다[마 1:1; Hengel 1991; Guelich 1989].

나사렛 예수는 이사야 52장 7절과 61장 1절을 '복음'이라는 용어로 1세기 팔레스타인 땅에 최초로 선포했다. 예수는 그 땅의 가난한 자들에게 '복되고 좋은 소식'을 전하려고 보냄을 받았다고, 자신의 인격과 사역을 통해 구현하도록 기름 부음을 받은 메시아가 되었다고 스스로를 이해하였다. 메신저는 복되고 좋은 소식을 전하는 자이고, 메시아는 그 복음을 실현하는 자이다. 이 복음이 누구에게 가장 필요하겠는가? '가난한 자'이다.

나사렛 예수는 자신이 가져오는 복음의 수혜자를 '가난한 자'라고 했다. 나사렛 예수에게 '가난한 자'는 누구인가? 이 단어에 대한 많은 논의와 논쟁이 있다. 먼저 가난한 자에 대한 의미 변천을 살펴보고 1세기 당시 예수의 삶의 정황에 적용해 보자.

'가난한 자'의 의미 발전 먼저 그리스 로마 세계에서 가난한 자는 사회 환경에서 자신이나 세상 그리고 어떤 인적인 네트워크로도 도움을 받을 수 없는 사람이다. 소유가 전혀 없어서 생필품을 구걸을 통해 얻어야 하는 '거지로서 가난한 자'이다. 그러나 이 개념은 구약과 유대교에서는 다른 차원에서 그 의미가 발전된다. 구약의 가난한 자에비온는 자신의 토지 상속권을 박탈당한 자이다. 성경에서 '가난한 자'는 광야 시절 이스라엘을 일컫는 말이다. 일용할 양식을 하나님이 공급하지 않으면 생존하지 못하는 상태에 있다. 가나안 정복 이후 땅 분배가 이뤄졌지만 세월이 흐르면서 빈부 격차가 생겼다. 토지를 박탈당하고 빚이 생기면서 노예가 되었다. 이러한 불균형을 바로잡는 것이 희년이다. 희년은 이스라엘이 광야에서 가난한 자였음을 기억하도록 한다. 이스라엘 내에 정의가 이뤄지도록 하는 것이다. 토지는 하나님의 소유로 그 권리는 하나님께 있고레 25:23-28, 모든 백성에게 주신 하나님의 선물이다. 토지를 박탈당하고 지속적으로 가난하게 사는 것은 언약의 법에 어긋난다. 신명기 법은 이스라엘 땅에서 가난한 자가 없어야 하므로, 가난한 자를 보호하기 위한 포괄적인 규정을 마련하여 특별한 보호와 배려를 한다. 희년은 이스라엘 전체가 가난한 자라는 인식이 전제되어 있다. 토지 정의는 구약 선지자들의 주요한 사회 비판 주제이다.

시편에서 가난한 자는 자신의 억울한 처지를 토로하면서 동시에 하나님의 도움을 간청한다. 따라서 기도하는 자는 자신을 가난한 자와 동일시한다. 여기서 아나윔, 즉 비천하지만 '경건한 자'라는 개념이 등장한다. 바벨론 포로 생활을 거치면서 가난한 자 개념은 전면적으로 변한다. 온 이스라엘이 땅을 상실하고 가난한 자가 되었다. 가난한 자 개념은 특정 계층이나 부류가 아닌 이스라엘 전체에 적용되었고, 포로 생활에서 귀환한 유대인들이 자신들을 이해하는 중요한 개념이 된다. 마카비 반란 이후 하시딤은 각자의 정치적·신학적 노선에 따라 나눠지면서, 자신들의 집단적 정체성을 상징하는 용어로 '가난한 자'를 사용하였다. '가난한 자'는 일종의 '남은 자', '경건한 자', '의로운 자', '거룩한 자'와 같이 집단적 정체성을 나타내는 용어가 된다. 특히 쿰란 공동체가 자신들에게 이 개념을 적용한다. 그러나 랍비 문헌에서는 가난한 자를 이데올로기로 이해하는 경향이 주변부로 밀려나갔다. 가난한 자를 위한 자선과 구제가 중요한 자리를 차지하게 된다.Billerback IV.1.536-58.

예수의 나사렛 선언에 나타난 '가난한 자'를 이해할 때에 의미 변화를 염두에 두고 어떤 대상을 언급하는지 파악할 필요가 있다. 초대 교회에서 자발적 가난에 특별한 가치를 부여한 에비온파는 자신들을 '가난한 자'로 규정하고 이 용어를 집단적 정체성을 나타내는 상징으로 사용하였다. 이들은 예수의 인성만을 인정하고 바울을 배교자로 배척하였으며 유대율법 준수를 강조하여 이단으로 정죄되었지만, 가난한 자를 집단 정체성의 표지로 삼고 의인 야고보의 삶을 추종하며 살았다.

나사렛 예수와 가난한 자 나사렛 선언은 특정한 계층이나 집단이 아니라 당대 이스라엘 전체를 대상으로 한 선포이다. 희년의 선포는 전 이스라엘이 '가난한 자'라는 개념을 염두에 두고 있다[Seccombe, 1983]. 나사렛 선언은 기름 부음을 받은 나사렛 예수의 희년 선포 메시지이기에, 민족으로서 이스라엘뿐 아니라 예수의 사역을 통해 모이게 될 하나님 나라 백성 전체를 향한 메시지이다.

누가복음에는 가난한 자와 더불어 등장한 일련의 사람들의 목록이 있다.

가난한 자, 눈 먼 자, 포로된 자, 눌린 자(눅 4:1)

가난한 자, 주린 자, 우는 자(눅 6:20)

눈 먼 자, 앉은뱅이, 나병환자, 귀먹은 사람, 죽은 자, 가난한 자
(눅 7:22)

가난한 자, 몸 불편한 자, 저는 자, 맹인(눅 14:13)

가난한 자, 몸 불편한 자, 맹인, 저는 자(눅 14:21)

이들은 당시 유대 사회에서 배제된 자들이다. 또한 레위기 21장 16-24절에 규정된 부정한 자들로 성전 예배에 참여할 수 없다. 쿰란 공동체에서도 이들은 공동체 일원으로부터 배제되고[1QSa 2.5-7], 종말론적 전투에 합류하지 못한다[1QM, CD 13.3]. 하나님이 소유하신 땅에 차별과 소외가 있다는 것 자체가 예수에게는 언약 백성 전체가 가난한 자가 된 문제의 근원이다. 이스라엘은 만나를 통해 먹이시는 일용할 양식의 생활을 지속적으로, 엄중하게 훈련받았다. 일용한 양식의 원리는 넘치는 자도 없고 모자라는 자도 없는 사회를 위한 생활방식이다[출 16:16-20].

나사렛 선언[사 61:1-2]에서 '가난한 자에게 복음'은 이사야 11장 1-10절을 염두에 두고 읽어야 올바로 이해된다. 이사야 11장 6-9절에는 두 부류가 등장한다. 이리와 어린 양, 표범과 어린 염소, 송아지와 어린 사자, 암소와 곰, 사자와 소, 아이와 독사. 이들은 먹이와 포식자 그리고 피해자와 가해자의 관계이다. 즉 힘없는 자와 있는 자, 가난한 자와 부자가 짝을 이루고 있다. 중요한 것은 이들이 싸우지 않고, 서로 놀고 산다는 점이다. 생존경쟁과 약육강식과 적자생존의 원칙이 아닌 공생과 평화와 의가 지배하고 있는 무대이다. 이 무대는 이사야가 나사렛을 통해 회복하기를 꿈꾸고 예언하는 하나님의 숲, 즉 하나님 나라이다. 나사렛 선언은 바로 이 하나님 나라를 개시하는 선언문이다.

따라서 예수의 가난한 자 이해는 정치적·경제적 이데올로기로 편향된 개념도 아니고, 특정 집단의 정체성을 종교적으로 규정하는 용어도 아니며, 현실을 초월한 영적 언어도 아니다. '가난한 자에게 복음'은 가난한 자에게 편향된, 부자를 배제하고 정죄하는 복음이 아니다. 수혜자가 가난한 자로 한정되지 않는다. 가난한 자들이 이때까지 사회·종교·정치적 혜택에서 배제되었기에 그들을 초청하는 것이다. 또한 부자에게도 가난한 자들과 함께 살아가는 무대로 초청하는 것이다. 누가의 예수는 팔복 대신 4복 4화를 대조시킨다. 가난한 자와 부유한 자, 주린 자와 배부른 자, 우는 자와 웃는 자눅 6:20-26. 이는 가난한 자에게는 복을 주어서 하나님 나라에 초대하고, 부자는 화禍로서 경고하여 초청하고 있다. 부자가 가난한 자와 함께 뒹굴고 웃고 우는 재미를 누리도록 초청한다.

예수는 나사렛 선언에서 이사야 61장 1-2절을 인용하면서 왜 '신원의 날'을 언급하지 않았을까? 왜 은혜의 해, 즉 희년만을 선포했을까? 또한 '마음이 상한 자의 치유'는 왜 누락하였는가? 정의의 실현과 마음의 치유는 원한을 앙갚음할 때 가시적으로 나타난다. 그러나 이 앙갚음은 복수를 낳는다. 가난한 자들이 원한을 풀려고 앙갚음을 우선한다면 가진 자들은 기득권을 주장하여 압제하려고 할 것이다. 투쟁과 적대심만이 남는다. 희년을 위해서는 가해자와 가진 자가 결단해야 한다. 가난한 자와 부자가 함께 하나님 나라를 누리기 위해서는 양편에서의 결단이 필요하다.

'가난한 자에게 복음'의 구체적 프로그램

가난한 자에게 신포된 복음의 핵심은 '희년'의 선포이다. 희년의 선포는 전 이스라엘이 '가난한 자'라는 개념을 염두에 두고 있다.

먼저 눈 먼 자가 본다. 소경이 눈을 뜨는 것은 육체적 치유이다^{눅 18:35-43; 행 9:18-19}. 그러나 그 이상의 의미가 있다. 시야의 회복은 하나님 나라를 보는 것이다. 마가복음에서 뱃새다 맹인의 이중적인 치유^{8:22-26}와 여리고 맹인 바디매오의 치유^{10:46-52}는 제자도와 깊은 관련이 있다. 가난한 자나 부자나 다 같이 하나님 나라를 보지 못하면 나사렛 예수가 이루고자 하는 하나님 나라의 풍경을 보지 못한다. 나사렛 예수의 사역은 하나님 나라를 보고 경험하도록 초청하는 사역이다.

두 번째는 포로된 자에게 자유/눌린 자에게 자유이다. 자유는 희년의 대주제이다. 레위기 25장의 희년 규정은 노예를 풀어주고 빚을 탕감하고 땅을 놀리고, 토지를 돌려주도록 되어 있다. 주인과 부자와 권세자가 양보하고 결단하지 않으면 이뤄질 수 없다. 여기서 희년의 주제에 따라 'αφεσις'/'αφιημι' 아페시스/아피아미, 놓임, 풀어줌, 해방, 자유가 강조되어 등장한다.

누가복음에서 위 단어는 세 가지 방식으로 발전된다. 첫째, 죄의 용서를 의미한다. 죄의 용서는 공동체로의 회복을 상징한다. 둘째, 사탄의 결박에서 풀림을 의미한다^{눅 13:10-17; 행 10:38}. 이 자유함은 육체적 자유인 동시에 사탄의 권세와 사회적 제한에서 풀려나 온전함을 회복하는 전인적인 치유와 회복이다. 셋째, 빚의 탕감^{눅 11:4}이다.

따라서 나사렛 예수의 사역은 세 가지 차원을 포괄한다. 죄는 하나님에 대한 빚이고, 죄의 삯은 사망으로 사탄에게 눌림당하며 조종당한다. 또한 인간관계에서 빚은 빚진 자를 묶는 결과를 낳는다. 하나님의 형상으로 지음받은 인간의 존엄성은 자유에 있다. 그런데 그 자유가 박탈당하면 이를 되돌려 놓아야 한다. 예수는 지상 사역에서 죄로 묶인 자들에게 죄 사함을 선포하고^{막 2:5}, 사탄의 결박에서 풀어 주었다^{막 3:23-27}. 또한 죄 용서와 빚 탕감을 동등한 차원에서 이해하셨다. 빚을 탕감함이 죄사함이고, 용서가 죄사함을 받는 전제가 된다^{막 11:25}.

사회악은 정치·경제·종교라는 제도를 통해 인간의 삶과 관계에 그 영향력을 지속적으로, 뿌리 깊게 미친다. 사람이 사람을 묶고 짓누르며 조종하고, 자신의 의지를 관철하고 이익을 극대화하는 악이 구조화되어 있는 한 약한 자는 벗어날 길이 없다. 그런데 이러한 구조악의 배후에 자리 잡고 있는 것이 사탄이다. 그 사탄의 심장을 깊이 놓아야 인간과 사회는 자유를 누릴 수 있다. 죄와 사망의 권세로 인간을 속박하고 조종하는 사탄의 권세를 결정적으로 무력화시키기 위해 나사렛 예수는 십자가의 길을 걷고 십자가에서 자신의 죽음을 통해 인류에게 자유를 주신다. 이는 사탄을 패배시키는 결정적 승리로 그치지 않고, 사탄이 이 땅에 만들어 놓은 사회·정치·경제·종교적 논리와 속박을 무력화하기 위함이다.

예수는 보지 못하는 자들이 하나님 나라를 볼 수 있도록 말씀과 사역으로 시야를 열어 준다. 하나님 나라가 보여야 하나님 나라에 들어갈 수 있다. 억눌린 자들과 묶인 자들은 사회 갈등 구조 해체를 위해 군사 행동을 취하는 것이 아니다. 억압하는 자들과 구속하는 자들로 하여금 복음을 듣고 자유와 해방의 주체가 되도록 한다. 권세가 있는 자들에 구걸하지 않고 하나님 나라 복음을 통해 설득한다. 누가가 누락시킨 '마음이 상한 자의 치유와 원수에게 보복하는 신원'은 법적·제도적 조치가 아니라, 가해자들을 설득하여 그들 스스로 묶임과 억누름을 풀어 버리도록 한다. 그래서 함께 눕고, 놀고, 먹고살면 상처는 치유된다. 원수에게 복수할 필요가 없어진다. 이것이 예수가 꿈꾸는 하나님 나라의 모습이다.

왜 나사렛 사람들은 수혜자가 될 수 없었는가?

예수의 나사렛 선언에 대하여 당시 나사렛 회당은 어떻게 반응하였는가? 나사렛 회당은 이 선언을 환영하지 않고, 분노와 배척이라는 파국으로 결말을 맞는다. 왜 그들은 이렇게 반응하였는가?

예수는 나사렛 선언 이후 21절에서 "이 글이 오늘 너희 귀에 응하였느니라"라고 선포하였다. 이 선언은 예언의 성취가 지금 이 자리에 이뤄졌다는 선포를 넘어 결단을 촉구하는 요청이다. 이 말씀의 배경에는 성경에 유유히 흐르는 셰마의 전통신 6:4; 사 6:9-10; 눅 6:27; 8:8; 9:44; 행 7:51-60; 계 2-3장과 더불어 이사야 6장 9-10절이 놓여 있다.

성경에서 셰마 전승은 뿌리가 깊다. 들음은 하나님의 진리를 믿는 중요한 인식 통로이다. 성경의 계시는 시각이나 다른 감각이 아닌 '청각'이다. 들음으로서 믿음의 반응을 한다. 이사야 6장 9-10절은 '들을 귀' 전승의 근본 배경이다Beale 1997. 하나님 나라의 비밀을 비유로 말하는 이유도 이 본문의 인용, 즉 "들을 귀가 있는 자는 들을지어다"이다막 4:9-12. 계시록 2-3장에서 일곱 교회를 향한 메시지는 "귀 있는 자는 성령이 교회들에게 하시는 말씀을 들을지어다"라는 형시문으로 마무리된다.

들으면 믿음의 반응을 하고, 듣지 않으면 강퍅하여 굳어진 마음으로 심판에 직면한다. 들으면 나사렛 예수가 가져오는 하나님 나라 복음의 수혜자가 되지만, 듣지 않으면 선지자의 메시지를 받아들이지 않고 배척한 이사야 당시의 유다 백성과 같다. 이사야 6장 9-10절에서 마음이 둔하고 귀가 막히고 눈이 감긴 자들은 누구인가? 이방 우상들이다. 우상들은 아무리 말하여도 보지 못하고 듣지 못하고 깨닫지 못한다. 우상을 숭배하고 우상의 영향을 받는 자들도 마찬가지다.

따라서 "이 글이 너희 귀에 응하였느니라"는 말은 메시지의 수혜자가 될 것인지 마음이 곧은 백성의 전례를 따를 것인지 결정하라는 초청 혹은 경고의 메시지이다. 예수의 신원과 사역을 어떻게 받아들이냐에 따라 그루터기가 되거나 베임을 당하는 줄기가 될 것이다. 결단을 촉구하는 메시지는 엄연한 도전이다. 나사렛 회당의 사람들은 이를 배척하였다.

나사렛 회당의 반응은 본문에서 실마리를 찾을 수 있다. '이 사람이 요셉의 아들이 아니냐?'눅 4:22, '의사야 너 자신을 고치라!'눅 4:23, '선지자가 고향에서는 환영을 받는 자가 없느니라'눅 4:24. 위의 세 말씀은 왜 나사렛 회당의 반응이 냉소적인지 알 수 있는 실마리를 제공한다. 이 말들은 내집단과 외집단의 구분이 확연한 지중해 문화의 전형적인 집단 중심적인 표현이다.

첫째로, '요셉의 아들'이라는 말에는 스불론 지파 소속의 나사렛에 은거하다시피 사는 한 가문의 굴곡진 삶의 역사가 반영되어 있다. 찍힌 줄기에서 나온 가지와 같은 유다 지파의 한 가문이 받은 상처와 고난이 묻어나는 말이다. 나사렛 사람들은 가난하고 억압당하고 마음이 상한 자들이다. 과도한 세금과 로마의 통치에 압제당하고 있던 나사렛 동네에 나사렛 선언은 은혜의 말이 아니라 몰지각한 말이다. 나사렛 사람들은 예수가 당연히 피해자인 자신들의 편에 설 것이라고 생각했다. 그러나 나사렛 선언은 용서와 화해를 통해 공존과 상생을 촉구하는 메시지이다. 회당의 반응은 '도대체 너는 누구 편이냐? 너희 집안이 받은 상처는 안중에도 없느냐?'이다. 왜 마음의 상처를 치유하고, 원수에게 복수를 하는 신원의 날을 빼고 이야기하느냐? 나사렛 사람들이 겪은 상처와 수치를 갚아 줘야 할 사람이 바로 너 아니냐?

둘째로, '의사야 너 자신을 고치라'는 무슨 의미인가? 랍비 문헌Gen. Rab. 23.4과 플루타르코스의 저작Plutarch, Moralia, 32.71F(How to Tell a Flatter)에서도 비슷한 대답이 모욕적 말대꾸로 사용되었다Bullinger, 1898: 757; Robertson, 1997. 이 속담은 다양한 형태로 변형되어 유대인뿐 아니라, 유리피데스Euripides와 아이스킬로스Aeschylus 같은 헬라인, 키케로와 갈렌Galen 등 로마인 그리고 중국인들이 사용하였다. 이 속담은 능력을 인정할 수 있는 증거를 보이라는 의미로 대부분 사용되었다. 타인의 눈에 있는 티를 보기 전에 네 눈에 있는 들보나 먼저 뽑으라는 비난이다마 7:3-5, Hirsch 2002. 자기 집안의 상처를 치유하지 못하고 원한을 풀지 못하는 주제에, 무슨 은혜로운 말로 가해자까지 끌어안는 말을 하고 있는가!

셋째로, '선지자가 고향에서 환영받는 자가 없다'24절는 속담은 자기 집안 식구들은 은혜의 수혜자가 되지 못하는 사역을 하였음을 반증한다. 선지자를 환대하지 않은 나사렛도 당시 이스라엘 사람들과 같은 운명에 놓여 있다눅 11:47-51; 참조 느 9:26. 가버나움에서 행했듯 고향 사람들에게 하나님의 은혜를 베풀어야지 왜 학수고대하는 원수 갚는 일은 빼먹냐는 반응이다.

나사렛 사람들은 예수가 누구 편에서 나사렛 선언을 공포하는지가 중요했다. 그 사회에서 가장 무시당하고 멸시당하는 자신들처럼 가난한 자에게 복음을 전하고 또한 원수를 갚아주기를 원했다. 그러나 예수의 나사렛 선언에는 '신원의 날'이 빠져 있었다. 예수의 초청은 가난한 자들을 향한 초청이다. 수혜자와 박탈자가 함께 와서 어울리며 용서와 화해를 통해 상생하자는 메시지이다. 이는 나사렛 사람들이 원하는 메시지가 아니었다.

나사렛 회당에 나타난 예수는 상처 입은 치유자이다. 그도 나사렛 사람이다. 치유자이자 해방자로서 예수는 상처투성이의 치유자이다. 상처 입은 치유자는 자신의 상처를 인정하고 속내를 모두 보여 준다. 그리고 그 상처를 통해 다른 사람을 치유한다. 예수는 나사렛에 살면서 시대의 아픔과 굴레와 부조리를 다 경험하였다. 로마의 식민 통치가 부과하는 세금과 부역, 압제를 경험하였다. 예수는 헤롯의 후견인이 디베료에게 헌정한 갈릴리의 주요 도시 티베랴나 세포리스의 건설 현장에서 부역을 했을지도 모른다. 예루살렘 성전 경영자들의 횡포와 위선, 제도적인 착취도 목도하였을 것이고 그들의 부동산 투자와 고리대금으로 소작농과 육체노동자로 전락하는 동네 사람들을 보았을 것이다. 세리와 군인들의 횡포 또한 피할 수 없는 억압이었고 고통이었다. 나사렛 예수도 그 시대와 환경으로 깊은 상흔이 패여 있는 사람이다. 시대의 억압과 압제 속에서 땅을 경작하는 이웃이 소작농으로 전락하고 일일 육체노동자로 노동시장에 내몰리고, 심지어 노예로 팔려가는 현상을 직접 목도하면서, 시대의 아픔을 몸으로 느끼면서 온 인격에 상처를 입은 사람이다. 갈릴리에 로마와 헤롯에 대항하여 수많은 메시아 운동들이 불꽃처럼 일어났다가 연기처럼 사라져가는 현상도 보았을 것이다. 그러나 메시아 운동들도 대중의 지지를 일시적으로 얻었으나 로마와 헤롯의 제도화된 폭력 앞에서는 어떤 위력도 발휘하지 못하고, 저잣거리에 매달린 십자가만 그 몸부림의 흔적으로 남아 있는 모습을 직접 보았다^{예. Josephus Ant. 17.10; 20.5.2}.

그 시대 경건한 유대인이었다면 다윗 같은 메시아를 학수고대하던 시절이었다. 다윗은 골리앗을 물리쳤다. 다윗은 이스라엘을 괴롭혔던 이방국가들을 복종시켰고, 이스라엘 역사상 처음으로 자유와 평화와 의를 경험하였던 시대를 열었다. 예수는 요한의 세례를 통해 다윗의 후손으로서 하나님 아들, 메시아의 직무를 감당하는 소명을 받았다. 그러나 예수의 사명은 고난을 받는 야훼의 종으로서 십자가를 짐으로써 그 백성의 죄와 허물을 속죄하고 상처를 치유하는 것이다.

예수는 '상처 입은 치유자'로 등장하였다. 그 시대의 아픔과 고통을 친히 경험하고 상처를 친히 입은 사람으로서, 시대의 어두움을 헤쳐 나가며, 놓임을 선포하는 희년의 실현자가 되기로 결정한다.

5장

왜 예수는 나사렛에서 사역을 시작했는가

누가는 나사렛 예수의 복음이 로마 사회의 변두리인 나사렛에서 출발하여 중심인 예루살렘과 로마를 넘어 이사야 11장 1-10절의 비전을 따라 온 세상을 덮는 그림을 그리고 있다. 이 장에서는 주변부인 나사렛이 중심지인 예루살렘과 로마와 어떤 사회 구조적 관계에 있는지를 '주변부의 반란'이라는 문화·사회 운동 이론과 접목시켜 이해해 보겠다.

누가 – 행전의 지리적·신학적 구도

누가복음의 이야기 흐름은 나사렛, 갈릴리, 예루살렘으로 진행되어 예루살렘의 수난과 부활을 통해 절정에 이른 후 유대, 사마리아, 소아시아, 마케도니아, 그리스, 로마로 이어진다. 이러한 지리적 구도가 어떤 사회적·신학적 함의를 가지고 있을까?

누가복음은 예수가 자라신 나사렛 회당 사역을 중요한 출발점으로 삼고 본격적 사역을 펼치고 있다. 누가복음은 갈릴리 사역[4:14-9:50], 갈릴리에서 예루살렘으로의 여행[9:51-19:27], 예루살렘 사역[19:28-24:53]이라는 세 단원의 지리적 구도로 편성되어 있다. 먼저 갈릴리 사역은 예수의 탄생 기사와 더불어 하나님 나라 사역의 기반을 놓는 중요한 거점이다. 여기서 하나님 나라 복음의 기본 골격이 마련된다. 예수가 누구인지를 1-3장에서 밝히고, 예수의 사역의 방향과 목적을 나타내는 청사진을 나사렛 선언을 통해 천명한 뒤 새 이스라엘의 대표로서 열두 제자를 택하여 훈련시킨다. 또한 나사렛 선언에 기초하여 예수의 하나님 나라 복음이 어떻게 선포와 치유, 축사逐邪, 가르침을 통해 전파되는지 소개한다. 또한 예루살렘 사역은 하나님 나라 복음이 예수의 수난, 죽음, 부활과 승천을 통해 완성되는 과정을 묘사한다. 그 복음이 당시 유대교의 핵심인 율법, 성전과 부딪치며 갈등을 고조시키고, 최종적으로 십자가와 부활을 통해 해체시키는 극적인 반전 드라마를 연출하고 있다.

　　우리가 놓치기 쉬운 부분이 갈릴리와 예루살렘 사역의 중간 부분이다. 이 부분을 여행 기사the travel narrative라고도 부르는데, 그 주제는 '길'과 제자도이다. 여행은 안정감을 내려놓고 목적지를 향해 삶의 방향을 집중하도록 만든다. 여기에 제자도의 진수가 있다. 출애굽 이미지는 제자도를 연상시킨다. 그래서 누가는 나사렛 예수의 십자가 죽음을 '출구'exodus, 9:31한다. 이 단어의 표면적 의미는 '별세'이지만지혜서 3:2; 7:6; 벧후 1:15, 이스라엘의 거룩한 전승의 핵심에 놓여 있는 출애굽 사건을 상기시킨다칠십인역 출 19:1; 민 33:38; 시 104:38. 나사렛 예수의 출애굽은 누가복음

9장 51절에서 "예루살렘을 향하여 올라가기로 굳게 결심"하였다고 묘사된다. 이 여행 기사에서 누가는 비유와 더불어 복음을 소개하며, 그 복음을 다음 세대와 온 세상에 전수하기 위해 제자도를 요청한다. 특히 나사렛 선언의 '가난한 자에게 복음'이 죄인들과 세리들을 하나님 나라의 상징인 밥상으로 초대하는 것으로 묘사되고[눅 15:1-2], 나사렛 예수는 '향연의 주'로 묘사된다[Moessner, 1989].

사도행전의 기본 주제는 1장 8절이다. "오직 성령이 너희에게 임하시면 너희가 권능을 받고 예루살렘과 유대와 사마리아와 땅 끝까지 이르러 내 증인이 되리라." 사도행전 1-5장은 예수의 죽음과 부활 이후 예루살렘에 모인 제자들에게 오순절 성령이 강림함으로써, 성전을 대체하는 예수 공동체가 세워지는 모습이다. 오순절은 바벨탑 사건과 시내산 사건의 반전이다. 구심력을 가진 기념비적 장소로 모여 드는 유대교의 패턴이 성령 강림으로 다양한 언어와 소통하는 복음이 되어 퍼져 나가는 원심력 패턴으로 뒤집힌다. 6장에서는 예루살렘을 중심으로 한 신앙공동체 내에서 히브리파와 헬라파 사이의 갈등이 조장되고, 그 결과 초기 기독교의 선교 신학을 대변하는 스데반의 설교 및 순교로 인하여 지중해 곳곳으로 헬라파가 흩어짐으로 복음의 못자리를 만든다. 구심력을 발휘하는 예루살렘 성전은 17장 24절의 아테네의 이방 신전과 동일한 '손으로 지은 전'이다[7:48]. 신은 전체 우주가 그 보좌이기에 신전이 필요없다[von Arnim, 1938: 61-62, no 264; Josephus, War 5.458]. 따라서 복음은 예루살렘에서 이제 땅끝으로 나아가야 한다.

　　사도행전 8-12장은 복음이 예루살렘에서 땅끝으로 가기 위해 넘어야 할 장애물과 더불어 이방인 선교의 주역을 등장시킨다. 바울의 회심, 베드로의 고넬료 사건은 예루살렘에 머물러 있던 복음을 열방으로 전하는 촉매 역할을 한다. 스데반의 순교가 열매를 맺어 등장한 바울은 3차에 걸친 이방인 선교로 복음을 로마로 향하게 만든다. 베드로의 고넬료 사건은 아그립바가 대대적으로 예수 운동을 핍박하는 환경을 조성하고, 결국 사도들은 야고보를 중심으로 한 장로들에게 지도력을 이양하고 예루살렘을 떠나게 된다. 바울은 선교 여행에서 율법과 성전을 고집하는 유대교의 반대에 부딪히지만, 나사렛 예수의 복음은 지중해 연안 곳곳에 교두보를 확보한다. 바울의 이방인 선교는 복음이 다른 문화에 전파될 때에 어떤 방법으로 행진해야 하는지 전략을 보여 준다. 유대인 회당 우선, 관문 도시를 중심으로 한 거점 도시 전략, 자비량 선교, 교회

개척, 지역 지도자 양육과 지도력 이양, 접촉점 매개, 선교 동역, 지역 관료와의 갈등 최소화 등.

22-26장은 바울의 예루살렘 방문과 체포, 재판 과정을 통해 복음 전도에 예루살렘의 역할이 무엇인지 다시 숙고하는 기회를 제공하며, 결국 모든 장애물을 넘어 복음은 제국의 중심으로 향함을 시사한다. 27-28장에서 복음은 자연적인 제약과 한계를 극복하고 제국의 중심인 로마에 도달한다. 그리고 갑작스레 막을 내린다. 예상치 못한 마무리는 여러 가지 상상의 여지가 있다. 그러나 이 마무리는 복음이 땅끝까지 전해질 때에 마무리가 됨을 밝히는 열린 기법으로, 독자가 이 마무리에 참여하도록 초청한다. 그 마무리되는 여정에 수많은 '데오빌로'하나님을 사랑하는 자들은 세계 복음 전도에 동참하도록 초청을 받고, 그 역사를 써 내려갈 지상명령을 부여받는다.

사도행전은 사도들의 행전이 아니라, 당시 세계의 중심을 향한 복음의 행진이다. 오순절 성령 강림 이후에 열두 사도는 예루살렘을 중심으로 동서남북 각 방향으로 복음 전도의 신실한 증인이 되었다참고. McBirnie 1991; 토드헌트 2012. 남으로 에티오피아와 북으로 아르메니아, 동으로 바벨론과 인도 등 사도들은 자신의 맡은 본분을 따라서 흩어져서 선교하였다. 그러나 누가는 모든 사도들의 행전을 기록하지 않았고 당시 세계의 중심이었던 로마를 향한 복음의 행진에 기여한 사도들의 여정을 담고 있다. 누가가 이렇게 제한적으로 기록한 것은 다른 사도들의 사역을 인정하지 않았거나 자료가 없어서가 아니라 세계의 중심을 향한 행진을 기록하고 싶었기 때문이다. 물론 제국의 중심이 누가의 목적지는 아니다. 자신의 시대에 제국의 중심에 도달한 복음은 언젠가 땅끝을 향하여 다시 중심에서 행진할 것이다. 누가-행전은 사도행전 28장 이후의 행진에 참여할 데오빌로를 선교에 초청한다.

두 권의 책에서 누가는 나사렛 선언을 통해 시작된 복음이 당시 유대의 중심지였던 예루살렘을 향하여 나아가고, 다시 제국의 중심인 로마로 향하는 여정을 담으면서, 로마에서 땅끝을 향하여 나아갈 '데오빌로'에게 나사렛 예수의 복음을 통한 하나님 나라의 일에 동참하기를 호소하고 있다.

나사렛과 주변부 이론　누가는 왜 나사렛-예루살렘-로마-땅끝으로 나아가는 구도를 기본 골격으로 삼았을까? 사회과학 분야에서 활발하게 진행되는 주변부 이론으로 이해해 보자. 21세기 이론을 1세기 작품에 적용하는 시도는 시대착오적 오류의 여지가 있다Elliott, 1993; Rohrbaugh 1996; Esler 1995.
그러나 이 시도는 우리의 시각으로 누가의 작품을 이해하여 새로운 통찰력을 얻고자 함이다. 주변부 이론은 나사렛이 가진 사회적·지리적 자리가 당시 세계의 중심인 예루살렘과 로마와 어떤 관계를 가지고 있는지 규명하는 데 유용하다.

주변부 이론은 프랑스 철학자 자크 데리다의 용어로서 20세기 후반에 등장해 인류 문명의 한 획을 긋는 인식의 변화를 초래한 비평용어이다. 데리다의 해체이론에서 가장 핵심이 되는 용어 중 하나는 '중심'이다. 중심은 주변을 낳고, 중심과 주변은 위계질서로 구조화되어 있다. 중심은 정치·경제·종교·사회·문화 등과 같은 삶의 모든 영역에서 주변을 차별화하고 억압하고 수탈하여 사회적인 악을 구조화시킨다. 제국주의적 패권과 식민적 예속의 관계 속에서 이러한 종속은 더 심화된다. 중심은 권력을 낳고, 권력은 부패하며, 그 부패를 제도화시키기 위해 폭력화된다. 탈중심 이론은 이러한 중심은 허상이고 모순이기에 이를 해체하여야 한다고 본다. 따라서 중심과 주변의 이분법적 가치판단을 유보하고, 이 둘 사이의 경계 해체를 요구한다.

이 이론을 누가-행전의 갈릴리 나사렛-예루살렘-로

마-땅끝의 기본 구도에 적용하면, 로마와 예루살렘은 당시의 중심이고, 나사렛은 주변부의 반란을 시작하는 메시아적 사역의 거점이 된다.

로마와 예루살렘 성전 그리고 나사렛

1세기 팔레스타인에서 중심과 주변부는 어디인가? 전체 로마제국에서 중심은 로마이다. 로마는 정치, 경제, 문화, 사회의 모든 영역에 중심이다. 종교에 있어서 유대는 유일신론을 신봉하기에 로마가 율리우스 카이사르 이후로 칙령에 의해 유대교를 합법적인 종교의 지위를 부여하여 독립적인 지위를 누리지만Smallwood 1981: 539; Rutgers 1994: 58-59, 로마는 여전히 대제사장을 임명하여 영향력을 행사하였다Josephus Ant. 18.93-95.

팔레스타인에서 예루살렘은 정치·경제·문화·사회, 특히 종교의 중심이다. 예루살렘의 영역주권은 유대 민족에게 부여된 영토뿐 아니라, 유대인들이 세운 회당을 통해 대제사장의 권위를 행사하여 세계 곳곳에 영향을 미쳤다. 회당은 중앙 성소인 예루살렘 성전의 부속 공간이었다. 이 팔레스타인에서 주변부는 갈릴리이고, 갈릴리에서 주변부는 나사렛이다. 남부 갈릴리의 중심 도시들은 벳산과 스키토폴리스, 그 주변 도시는 세포리스와 디베랴, 그다음 종속적인 위치에 있는 도시는 가버나움, 막달라, 가나와 같은 성읍이고, 나사렛은 성벽이 없는 시골의 마을이다Hopkins 1980: 19-32.

이러한 기본적인 서술을 통하여 로마-유대 예루살렘-갈릴리(스키토폴리스/벳산)-갈릴리(세포리스/디베랴)-나사렛으로 이어지는 사회·지리적인 통치의 흐름을 알 수 있다. 나사렛은 당시 로마제국의 가장 변두리에 속한 마을이다. 이 갈릴리의 한 고을이 예루살렘·로마와 어떤 관계가 있는가? 대개 고대 사회의 지역과 영토 간의 관계는 인적 통치와 조세 제도와 종교적 관계로 이뤄진다.

중앙과 주변부의 정치적 네트워크 누가복음 3장 1-2절은 로마제국의 정치 지도를 그리면서, 마치 줌인zoom in 기법을 사용하듯이 유대 광야의 한 선지자의 활동에 초점을 맞추고 있다. '주의 길을 예비하는 자'로서 '광야의 외치는 소리' 세례요한이 마치 통치자들을 조연으로 만들듯 역사의 무대에 등장한다. 요한이 예비하는 주의 길은 모든 골짜기와 모든 산과 굽어지고 거친 길을 평탄하게 하며 '모든 육체'가 하나님의 구원을 보게 하는 길이다. 그러나 역사가의 입장에서 보면, 유대 광야는 로마제국의 주변부에 있는 한적한 구석이다.

로마 황제 티베리우스(주후 28~29년, 주후 14~37년)

유대 총독 본디오 빌라도(주후 26~36년)

갈릴리와 뵈레아 분봉왕 헤롯 안티파스(주전 4년~주후 39년)

이두매와 트라고니스의 분봉왕 헤롯 필립(주전 4년~주후 34년)

아빌레네의 분봉왕 루사니아스(주후 28~37년)

유대의 대제사장 안나스와 가야바(주후 6~15년)

가야바 가문(주후 18~37년)

이들은 나사렛 예수 시기의 통치자들이다. 대제사장 안
나스는 사위인 가야바의 가문을 통해 누구도 견줄 수 없는 지
위를 확보했음을 보여 준다. 로마 황제와 팔레스타인의 분봉
왕들 그리고 대제사장들은 지중해 사회를 씨줄 날줄로 엮고
있는 후견인 제도로 사회적 관계를 돈독히 하고 있었다. 노동
을 하지 않고 특권을 누리며 통치하는 귀족 계급이 농민들을
지배하면서 농민의 노동 대가로 살아가는 정치 체제이다. 이
들의 후견인-예속인 관계는 몇 가지 수단들을 통해 지속적으
로 유지되었다.

첫째, 헤롯 대왕은 아우구스투스에게 1,000달란트[1 달란트=32.3킬로그램]와 보물들을, 아내 리비아[Livia]에게 500달란트[Josephus, Ant. 17.190]를 유산으로 남겼다. 이러한 돈독한 관계는 160년 이상 권력의 세습과 재물의 헌납을 통해 지속되었다[Suetonius Twelve Caesars, "Augustus" 60]. 둘째, 잔치와 향연의 배설[Juvenal Satires 5.12-25; 눅 14:1-24]. 셋째, 기념 건축물의 헌정. 넷째, 황제를 위한 대회 후원: 악티움 게임[아우구스투스가 안토니우스에게 승리한 악티움 대전 기념 음악회 및 체육대회, Josephus Ant. 16.136-41]. 다섯째, 헤롯 안티파스의 갈릴리 세포리스[Sepphoris]와 디베랴의 티베리우스 황제에게 헌정.

특히 헤롯 대왕이 건설한 가이사랴 항구는 스트라보의 탑이라고 불리는 지중해 해안의 헬라 시대 조그만 항구를 주전 22~10년에 크게 확장하여 아우구스투스에게 선물로 헌정한 것이다. 이 항구는 나중에 '플라비우스 아우구스투스 황제의 첫 번째 식민지'[Colonia Prima Flavia Augustus Caesarea]라고 공식적으로 불렸다. 이 도시와 항구의 건설은 1세기 팔레스타인 사회의 다양한 단면들을 이해하는 데 중요한 열쇠를 제공한다. 예수의 가족을 비롯한 나사렛 사람들은 갈릴리의 세포리스나 디베랴의 건설에 노동력을 제공하면서 생계를 유지하였을 것이다.

**중앙과 주변부의
정치·경제적 관계**　　예수 당시의 팔레스타인 사회는 렌스키Lenski가 정의한 '진보한 농경 사회'이다Lenski, 1984. 쟁기 등을 개발하고, 잉여 생산으로 거래하고 영구적인 정착을 통해 도시를 형성하게 된다. 문제는 '잉여'이다. 잉여가 있으면 다른 이의 잉여로 살아가는 착취 계급이 있다. 도시는 농민들이 자신들의 잉여를 착취계급에게 양도하도록 강요하는 수단을 발전시키며, 이들 착취자들의 권력이 연대를 강화하는 구조를 만들어 간다. 이러한 사회에는 어느 정도 노동의 분화가 일어나서 2~5%의 엘리트가 85%의 하층민들농민, 노동자, 노예등의 노동력으로 살아간다.

　이들 엘리트가 생산자의 잉여를 적출하는 방법이 세금이다. 이 제도가 지속되면 부의 편중이 가중되며, 이 일을 집행하는 관료 계급세리의 형성과 동시에 빚이 농민의 삶에 자리를 잡는다. 엘리트들이 부유하게 되면 보다 사치스러운 상품을 요구하고, 이에 부응하기 위해 상인 계급이 생기며, 상인은 기술 노동자로부터 싼 값에 공급받은 물품을 비싸게 팔아서 이윤을 남긴다. 이러한 경로를 통해 화폐 경제와 무역이 생기고, 자본의 형성이 이뤄진다. 이와 같은 경제 체계 속에서 농민은 과중한 세금으로 인하여, 조상으로부터 물려받은 토지를 내어놓고, 소작농으로 전락하고, 소작농은 결국 일일 육체노동자로 자신의 삶을 노동 시장에 맡기고 생계를 유지하며 살아간다. 이들이 선한 포도원 주인과 품꾼 비유[마 20장]에 나오는 품꾼들이다. 다른 한편으로 농부들이 빚을 지고 내어 놓은 토지를 엘리트 계급이 구입하여 소작을 주고 이윤을 취득하는 흐름이 반복·심화된다. 소작이나 육체노동으로 살아갈 수 없는 자들은 광야의 도적떼로 변한다. 렌스키의 진보된 농경 사회의 모델은 1세기 팔레스타인의 경제를 이해하는 유용한 모델이다.

이 모델에 근거하여 우리는 1세기 팔레스타인 사회 경제에 대하여 질문을 던질 수 있다. 누가 생산자이고, 누가 잉여를 적출하는 자들인가? 어떤 상품이 생산되는가? 사치품은 무엇인가? 누가 관료 계급이고, 어떤 종류의 화폐가 유통되는가? 빚은 왜 생기는가? 농민들의 삶은 어떻게 변하는가? 1세기 팔레스타인 경제를 이해하는 중요한 열쇠는 세금과 빚과 토지이다. 초기 로마 시대 팔레스타인의 세금으로는 로마와 헤롯이 거둬들이는 토지세[곡물과 과일 생산의 1/4 – 1/2], 인두세[매년 1 데나리온, 육체 노동자의 하루 임금], 시장세, 통행세, 정박세, 도시 시설의 대여세, 국가 프로젝트[도로, 관개시설 등]를 위한 노동력이 있다. 예루살렘 성전이 거둬들이는 세금으로는 토지세, 십일조, 인두세^{매년 1/2 세겔}, 희생제물^{제사용 동물과 곡물}, 서원세^{헌정된 물질들}가 있었다.

이들을 합하면 적어도 수확물의 4분의 1이다. 요세푸스의 기록에 헤롯 대왕이 죽고 난 이후 유대 대표단이 아우구스투스에게 가서 과중한 세금으로 인한 고통을 토로하는 장면에 생생하게 기록되어 있다^{Josephus Ant. 17.306-308}. 요세푸스는 '대제사장직을 사는 것'은 세금 임차 제도, 즉 로마를 위한 상당한 액수의 수입을 보장하는 약속이 포함되어 있다고 한다^{Josephus Ant. 20.213}. 렌스키의 '진보된 농경 사회'의 모델에서 팔레스타인 농민의 생활환경은 지배 엘리트들의 태도에 좌우된다고 보아도 과언이 아니다. 이 모델에 기반하여 다음과 같은 시나리오를 작성할 수 있다.

지배 엘리트는 유산을 통해 받은 토지 외에 세금 징수, 대여, 십일조, 대부사업, 무역을 통해 일종의 자본을 확충할 수 있다. 확보된 자금을 토지 확장에 투자한다. 엘리트들의 이익은 전적으로 정치적인 안전망을 구축하는 데 있다. 엘리트들은 자신들에게 영구적으로 빚을 지는 신세가 되어 버린 부양자들을 통해 정치적 유익을 얻는다. 그들은 사회적 지위, 경제적인 부양을 토지에 대한 통제 확장을 통해 안전하게 확보한다.

농민은 세금과 빚으로 인해 소유 토지가 줄어들 수밖에 없다. 농민은 채무자로서 엘리트에게 종속되거나, 소작농으로서 생계를 의존하게 된다. 농민들은 빚의 탕감을 통해 억압적인 정치 경제 체계에서 독립적인 지위를 확보하기를 바라거나, 아니면 토지의 재분배를 통해 사회적 지위와 경제적인 생계 유지를 바랄 뿐이다. 따라서 빚의 탕감과 토지의 재분배가 농민들의 가장 큰 소원이고, 이는 희년의 핵심이며, 수많은 메시아 운동이 표방하는 대의명분이기도 하다. 특히 주후 70년대 로마 항전을 통해 예루살렘 성전을 점령한 열심당원들이 맨 처음으로 한 일이 빚 문서들을 불태워 버리는 행위였다[de. Ste. Croix, 1981; Sanders, 1977].

예수 당시 갈릴리는 부재지주와 소작농이 증가하는 추세였다[Schwartz 1994: 291, 294]. 유대의 부유층들이 갈릴리의 농촌 지역에 집중적으로 토지를 매입하고, 소작을 통해 이익을 얻고, 갈릴리 거주민들은 땅을 내놓고 헤롯이 대대적으로 전개하는 건축과 토목 프로젝트에서 품을 팔아 생계를 유지하였다. 당시 많은 혁명 운동이 갈릴리를 출발점으로 삼아서 대의명분을 내세운 것도 이러한 농민들의 사회적인 감정을 이용한 것이었다. 나사렛 선언에서 예수의 메시지는 '놓음'을 강조하고 있다.

이 단어는 영적으로는 죄에서의 해방이지만, 정치적으로는 로마-헤롯-대제사장의 억압에서 자유하게 되고, 경제적으로는 무거운 부담이었던 빚의 탕감을 떠오르게 하는 희년의 언어이다. 하나님 나라의 복음을 전하는 예수의 비유들은 소작농과 부재지주와 같은 사회 경제적인 상황설정을 통해 이러한 사회적 접촉점을 민감하게 활용하고 있다막 12:1-11의 악한 포도원 농부의 비유; 마 25장의 달란트 비유; 마 20장의 착한 포도원 주인의 비유.

중앙과 주변의 종교적 관계　　종교적인 측면에서 예수 당시의 유대교는 하나님 한 분만을 인정하는 유일신론을 견지하고 있었다. 특히 바벨론 포로 이후에 유일신론에 반하는 유대 정복자들의 시도들은 대중적인 반감을 불러일으켰다. 마카비 혁명의 대의명분을 제공한 것도 안티오쿠스 에피파네스 4세가 제우스의 제단을 예루살렘 성전에 세우고 돼지의 피로 제사를 드렸기 때문이다. 예수 시대에 빌라도가 디베리우스 황제를 경의하는 표시로 자신의 호위대 방패에 황제의 화상을 새겨서 예루살렘으로 가지고 오려다가 유대인들의 종교적인 감정을 폭발시켜서 결국 가이샤랴로 옮긴 사건이 있었다Josephus War. 2.9.2; Ant. 18.3.1; Philo Gaium 299-305. 이 사건으로 인해 갈릴리

순례자들을 피로 진압하는눅 13:1 사태가 일어났는데 시위의 주동자는 아마도 예수 대신에 풀려난 바라바였을 것이다마 15:7; 눅 23:19. 헤롯 대왕이 아우구스투스와 로마의 수호여신 로마Roma를 위한 거대한 신상과 성전을 봉헌하였지만, 팔레스타인 지역에서는 자신의 절대적인 후견인을 위한 신전이나 신상 건립을 추진하지 않았다. 로마가 유대인의 종교적인 감정을 충분히 고려하여 합법적인 종교의 지위를 부여하였기에, 로마와 예루살렘 사이에 종교의 문제로 긴장이나 갈등은 거의 없었다.

유대교에서 중앙성소 개념에 의해 예루살렘 외에 다른 성전은 어떤 경우에도 허용되지 않는다. 예루살렘 성전은 유대 민족의 삶의 중심이었다. 당시 유대인들은 예루살렘 성전이 땅의 중심이고, 하늘과의 접촉점이며Lundquist 2008: xiv, 다른 모든 것을 위한 실제적인 준거점이며Levenson 1984: 283, 세상의 축axis mundi이자 출발점이요Cohen 1981: 57, 세상의 배꼽De Lacey 1991: 396이라고 보았다. 즉 하늘 가장 높은 곳에서 땅의 심연으로 이어지는 축이자 문으로서 성전은 하나님이 거하시는 거룩한 집이며, 이로부터 모든 거룩함과 정결함과 도덕성이 흘러나가는 근원이다. 요세푸스는 성전과 같이 웅장하게 장식된 건물은 다른 어디에도 없다Ant. 15.396고 했고, 탈무드는 "헤롯의 성전을 보지 않은 자는 그 생애에 아름다운 구조물을 결코 본 적이 없다"m. Sukk. 51.2; t. B. Bat. 4a고 한다.

하지만 나사렛 예수는 마가복음 11장 17절에서 '강도의 굴혈'이라고 비판했고, 돌 위에 돌 하나도 남지 않고 다 무너질 것이라고막 13:1-2 심판을 예고하였다. 왜 예수는 이렇게 성전에 대하여 비판적인 태도를 가졌을까? 다음과 같은 질문을 던져 볼 수 있다. 예수 당시의 성전은 유대 민족에게 어떤 기능을 하였는가? 누가 성전을 운영했는가? 그들은 어떤 유익을 얻었는가? 성전은 유대 백성의 삶에 정치, 경제, 사회적으로 어떤 영향력을 주었는가? 나사렛 사람 예수는 성전을 어떻게 보았는가? 성전과 회당은 어떤 관계가 있는가?

이스라엘은 언약 공동체이다. 언약의 핵심은 "나는 너희의 하나님이 되고, 너희는 나의 백성이 되리라. 나는 너희 가운데 거하리라"이다. 이스라엘이 언약 공동체가 됨을 상징적으로 나타내는 공간이 성막으로, 하나님이 거하시는 현존이 장소이다. 성막 이전에 하나님은 그의 백성이 거하는 곳이면 어느 곳이나 함께하셨다. 광야 이스라엘에게 성막을 주신 곳은 하나님의 백성의 중심에 하나님이 계시며, 이스라엘은 그 성막을 중심으로 모든 삶의 방향을 정하였다orientation. 시간과 재물과 사람과 거주 공간이 이 성막을 중심으로 배열되었다. 하나님의 백성이 향하는 곳이면 어디든지 움직이는 이 성막은 솔로몬 때에 성전 건축을 시작해 예루살렘의 시온 산에 세워졌다.

포로 귀환한 유대인들이 세웠던 제2성전을 헤롯 대왕이 주전 20년부터 대대적인 보수 작업과 확장 공사를 시작하였고, 예수 당시에도 헤롯 왕가에 의해 계속 그 공사는 진행되고 있었다. 헤롯은 자신의 정통성과 통치에 대한 유대인들의 불만을 해소시키는 동시에, 야망을 실현하기 위해 성전 개축 공사를 하였다Josephus Ant. 16.154. 고대 세계의 불가사의 중의 하나로 꼽히는 건축물을 통해 자신도 그에 걸맞은 위대한 통치자임을 온 천하에 알리고 싶었다. 본래 성소 이외에 화려한 부속 공간들을 덧붙여서, 솔로몬이 디자인한 규모와 모습보다 더 화려하고 웅장한 복합 건축물로 변화시켜 놓았다. 이는 자신이 솔로몬보다 더 위대한 왕임을 과시하기 위함이다. 솔로몬의 행각을 비롯한 이방인의 뜰과 안토니아 요새 등은 원래의 성전에 필요한 공간들이 아니라, 이방 신전을 특징짓는 주요 공간들이다. 이는 왜 주후 70년 성전 멸망 이후 랍비들이 성소를 말할 때 성소를 둘러싼 행각들을 제거하였는지를 보여 준다.

헤롯 성전은 근본적으로 정치적인 산물이다. 당시 지배 계층의 이익을 대변할 뿐이고, 하나님의 이름과 유대 백성을 자신들의 유익을 위해 이용하는 수단과 통로였다. 왜 그런가? 성전을 운용하는 책임을 맡고 있는 대제사장은 예수 당시에 헤롯과 로마 총독이 임명하였다. 임명된 대제사장들은 성전에서 모이는 산헤드린을 통해 로마를 대리하여 유대 백성을 다스리며, 로마의 이익을 철저하게 대변하고, 엄청난 세금을 바쳤다. 당시 유대인들에게 대제사장을 중심으로 한 지배계급은 호감을 주지 못했다.

왜 예수는 성전 내 매매 행위에 분노하면서 성전을 '강도의 소굴'이라고 비판했는가? 먼저 성전의 수입이 어느 정도인지 고려하여 보면, 제사의 희생 제물들번제, 소제, 화목제, 속죄제, 속건제, 감사제, 서원제, 레 1-7장과 성전세 the Half Shekel due과 순례자Broshi 1987: 35의 비용에 성전 헌금과 문서와 보물 보관Jesephus War 5.562; 1Macc. 3.6, 10; 15.22; Tacitus Hist. 5.81과 성전이 운용 수이 등으로 생기는 수입이 있다. 성전세는 대제사장들의 관할하에 두로에서 생산되는 95% 순도의 은화로 내야 한다t. Ket. 13.20; 참고. 출 30:12-13; 38:25. 성전 시장의 운용으로 생기는 수익도 막대하다. 순례자들의 편의를 위해 시작된 시장은 원래 성전 공간 밖에서 운용되던 것을 주후 30년경에 가야

바가 성전 건물 내로 가져 들어와서 대제사장의 독점 사업으로 운용하였다Eppstein 1964. 그 외에 성전은 일종의 은행과 더불어 중요한 물품 창고 역할도 하였다. 성전에 얼마나 많은 부가 축적되어 있는지는 로마 관료들이 성전을 노략하여 필요한 공공 자금을 충당한 사례를 보아 알 수 있다Josephus Ant. 14.105-109; 18.60-62; Flaccus War. 2.293; Cicero. Pro.Flac. 28.66.

그러면 이렇게 축적된 재원은 어떻게 운용되었는가? 엘리트들의 호화스러운 생활비용과 연회비용과 더불어 이자가 50%에 이르는 고리대금에 활용하였다. 세금을 내지 못하는 농민들은 지배계급이 운용하는 고리대금으로 기회를 연장하였다. 특히 힐렐은 안식년에 돈을 탕감해야 하는 신명기 법신 15:1을 일시 정지시키는 '프로소불'prozbul을 제정하여, 안식년에도 안전하게 돈을 회수하도록 보장하였다Neusner 1973: 16-17; ND.6.13.91-92; Gittin 36a; Sheb. x.3-4. 프로소불은 안식년이 되어 채무를 탕감하면 대출금을 회수할 수 없게 되므로 돈을 빌려주지 않게 되는 것을 막기 위해 법정에서 채권자가 이 규정을 자신에게는 적용되지 않는다고 선언하는 행위이다. 이 선언은 재판장이 증인이 되어 그의 이름으로 효력이 발생한다. 과중한 세금과 빚으로 인해 농민들은 농지를 내어 놓게 되고, 부유한 지배계급은 그 토지를 매입하여 소작을 주게 된다. 상황은 더 악화될 뿐이어서, 소작농들은 일일 노동자로 전락하고, 결국 광야의 강도들로 변한다. 이들 강도들은 악한 구조 아래서는 살 수 없어서 정치·경제적인 상황을 변화시키고자 항거하는 무리들이다. 예수가 성전을 '강도의 굴혈'이라고 한 것은 광야의 도적들을 만든 것은 바로 성전이고, 성전이야말로 진짜 강도라고 비판하는 것이다.

성전은 유대 백성의 일상생활에 깊은 영향을 주고 있었다. 성전의 공간 구분은 일종의 사회적 청사진으로서 사람, 시간, 물질, 공간을 구분하는 사회적 지도 역할을 하였다. 이를 규정하는 원리는 정결법이다.

공간 (m. Kelim 1.6–9)	시간 (m. Moed)	사람 (t. Meg. 2.7)
1. 지성소	1. 안식일	1. 대제사장
2. 성소	2. 유월절	2. 제사장
3. 성소 현관과 제단 사이	3. 대속죄일	3. 레위인
4. 제사장의 뜰	4. 장막절	4. 이스라엘인
5. 이스라엘의 뜰	5. 절기	5. 개종자
6. 여인들의 뜰	6. 신년	6. 해방된 노예
7. 성전 누벽	7. 금식일	7. 자격 상실한 제사장

8. 성전의 산등성	8. 부림절	8. 성전 노예
9. 예루살렘 성벽 내부	9. 절기 중간일	9. 사생아
10. 성벽이 있는 도시들		10. 고환에 문제가 있는 자
11. 이스라엘의 영토		11. 성기가 없는 자

이들 목록에 없는 사람이나 공간이나 시간은 부정하다. 여기서 주목할 사항은 성전 공간에 이방인의 뜰이 없다는 것이다. 이방인의 뜰은 성전을 확장하면서 이방인들이 성전 건물에 접근하도록 한 헤롯 정치의 산물이다. 하나님 경외자God-fearer를 위한 공간은 이방인의 뜰이고, 이방인의 뜰과 성전 공간 사이에는 이방인의 접근을 금지하는 소렉Soreg으로 구별을 하고 있다. 소렉은 울타리를 상징한다. 성전 접근성이 사람에 따라 구분되어 있으며, 이는 이스라엘의 모든 영역에 적용이 된다. 성소로의 접근성에 따라서 이스라엘의 일상생활도 구별되고, 서로 간에 구분이 되며, 그 사이에는 정결법으로 넘어서지 못할 울타리가 형성된다. 정결법은 또 하나의 삶을 얽매고 있는 결박이다.

나사렛 선언의 비전은 '자유롭게 함'이다. 복음서에 예수의 죽음은 성전 내부에 있는 휘장이 찢어지는 사건을 동반한다. 전체 이스라엘 사회의 사회적 지도 역할을 하는 성전의 공간 중에 가장 거룩한 내부의 공간을 구별하는 휘장이 위로부터 아래로 둘로 나눠졌다는 것은 그 지도의 중심이 사라졌다는 의미이다. 이는 성전이 영향력을 지속적이고 실제적으로 발휘하던 구별의 원천이 사라졌으므로, 더 이상 성전을 기준으로 사람들을 구분하는 사회적 경계선은 효력이 정지되었음을 선포하는 성징적인 사건이다. 이스라엘의 사람과 사람 사이에, 지역과 지역 사이에, 시간과 시간 사이에 놓은 울타리를 허무는 움직임이 중앙이 아닌 주변부에서 시작된다.

중심의 성전과 주변 회당과의 관계 팔레스타인의 중심 예루살렘과 주변 갈릴리 나사렛의 관계는 회당을 통해서도 파악할 수 있다. 회당은 성전과 어떤 관계를 유지하고 있었는가? 이스라엘의 종교는 중앙 성소 개념이다. 예루살렘 성전만이 유일한 성전이다. 그러면 이렇게 지방과 해외의 유대인들이 하나님을 경배할 수 있는가? 그 대답이 바로 회당이다. 회당의 기원에 대해서는 명확한 이론이나 증거가 없다. 그러나 가장 설득력 있는 이론은 바벨론 기원설이다. 회당은 성전 제사 없이 어떻게 유일하신 하나님께 예배할 수 있는가 신앙적 고민 가운데 태어난 유대적이고도 창의적인 대안이다. 이스라엘은 이미 바벨론 포로 생활을 하던 동안 성전 없이 70년을 살았다. 그들이 직면한 문제는 '성전에서 드리는 제사 없이 어떻게 하나님을 예배할 수 있는가?'였다. 그들은 율법 공부와 기도로 하나님을 경외하며 예배하였던 경험이 있었다. 기도하는 집벧 테필라이자 공부하는 집벧 미드라쉬이 회당이다. 율법 공부는 수단이 아닌 목적이다. 그 자체가 예배의 형식이다시 119편. 참고. 시 51:17. 기도는 제사와 무관한 종교적 의무가 아니라 희생 제사의 대체물이요 오히려 제사보다 기도가 낫다Goldin 1955: 34. 이 회당은 이스라엘 백성이 흩어진 어느 곳이나 세워졌다. 회당은 10명의 성인 남자만 있으면 구성이 되고, 지역 유대 공동체가 모여서 의사를 결정하고 재판을 하는 기능을 가졌다. 그래서 회당은 '집회의 집'벧 크네세트이 되었다. 회당은 포로 생활에서 돌아온 이후에도 성전과 더불어 그 역할을 계속하였다. 예수 시대에 회당은 팔레스타인뿐 아니라 지중해 세계에 널리 퍼져 있었다.

바벨론 포로 시대에 성전을 대신했던 회당이 성전 재건 이후에도 어떻게 존립할 수 있었는가? 회당은 성전의 부속 공간이다Jung 2000: 171-176. 회당과 성전은 대립 관계가 아닌 보완 관계이다. 중앙에 있는 예루살렘 성전이 각 지역으로 흩어진 하나님의 백성들, 특히 디아스포라 유대인들에게 지속적이고 유기적으로 영향을 미치는 통로가 회당이다. 유대인들은 세상의 중심이자 하나님이 거하시는 처소에 가능한 한 가까이 살고 싶어 했다. 그 방법은 성전의 경계를 구별하여 봉헌한 이후에 좀더 거리가 떨어진 성소를 자신들의 삶의 터전에 가까이에 세워 놓고, 성전의 거룩함과 신적 능력이 흘러나오도록 하는 것인데 그 방법이 회당이었다. 회당은 예루살렘 성전의 확장이요 부속 공간이며 대리 공간이었다.

회당의 내부 공간은 성전 제사에 참여하는 듯한 인상을 주도록 구성되었다. 회당에서 예배를 드리는 방향은 성전을 향하도록 배치되었다. 랍비 문헌은 회당의 입구를 성전의 출입구와 같이 동쪽에 배치하여야 한다고 한다t. Meg. 3.22. 회당에는 성전의 상징들과 장식물, 기구를 배치하여 놓았다. 로마 황제의 칙령에는 회당을 성고로 규정하고 이를 탈취하면 성물 탈취죄를 적용해 중형을 내리도록 규정하여 놓았다CIJ 2.1433; Josephus Ant. 12.359; 16.164-168; 17.163; 3Macc 3.27-29; 4.17-18. 성전과 회당과의 관계를 밝혀 주는 고고학적 발견이 프랑스 발굴가 베이유R. Weill에 의해 1913년에 있었다. 그 연대가 예루살렘 성전 멸망 이전인 데오

도투스 비문The Theodotion Inscription, CIJ 2.1404으로 회당의 헌정문이다.

데오도투스, 베테누스의 (아들), 제사장이자 회당장, 회당장의 아들이자 회당장의 손자가 율법 읽기와 계명의 가르침과 해외에서 온 방문한 사람들이 필요한 손님방과 거실 그리고 수도 시설이 있는 회당을 세우노라. 이 회당은 (원래) 그의 선조들과 장로들과 시몬 가족들이 창건하였노라.

이 비문의 중요성은 제사장 가문이 3대에 걸쳐서 회당장이었다는 점이다. 회당에 대한 철저한 논의가 있기 이전에는 성전은 제사장이, 회당은 바리새인들이 주관했다는 의견이 지배적이었으나 이 비문은 회당도 제사장들이 주관하였음을 보여 주는 증거이다. 이는 각 회당이 성전과 밀접한 관계를 유지하고 있었다는 증거이다. 1세기 회당 연구는 회당이 제사를 제외하고는 성전이 가진 기능을 모두 하고 있었음을 보여 준다. 의식적 정결의 장소, 성경의 읽기와 강해, 기도, 명절과 성일과 공동 식사, 금고, 도서관과 문서 보관소, 학교, 도피처, 노예해방, 지역 의회, 지역 법정 등.

이렇게 볼 때 회당은 성전의 부속공간으로서 이스라엘

백성이 사는 곳이면 어디서나 유대 공동체의 중심이 되었고, 예루살렘 성전의 영역주권이 팔레스타인뿐 아니라 디아스포라 지역에서도 영향을 미치는 통로가 되었다. 사도행전에서 젊은 랍비 사울이 대제사장의 신임장을 받아서 다메섹에 있는 유대 회당들에서 활동하고 있던 예수의 제자들을 색출하러 파송된 내용은 이러한 성전과 회당과의 관계를 증거하는 신약의 중요한 자료이다행 9:1-2; 22:5; 26:10-12. 랍비였던 사울이 대제사장의 위임으로 디아스포라 지역의 회당에서 특정한 일을 수행하고자 한 것은, 예루살렘 대제사장의 통치력이 디아스포라 지역에 있는 유대 공동체에 회당을 통해 실행되고 있었음을 보여 주는 증거이다.

제사장들은 24반차로 지역별로 나눠서 예루살렘 성전의 대제사장의 통치를 받으며 오늘날의 공무원 역할을 수행하였다. 자신의 지역에 속한 제사장들이 예루살렘 성전에 올라가서 임무를 수행할 때에, 각 지역 회당에서 제사 제물을 봉헌하고, 회당 예배를 통해 그 제사에 참여하였다. 지리적으로는 떨어져 있었지만, 공간적으로는 그 제사에 참여하는 효과를 드러내기 위해, 회당 내부의 구조를 예루살렘 성전의 제사장의 뜰에서 진행되는 제단에 맞춰서 고안하였다.

나사렛 회당은 예수의 사역을 장식하기 위한 단순한 무대 장치가 아니었다. 예수는 성전이 가지고 있는 블랙홀 같은 정치·경제·사회·종교적인 중심을 해체시키기 위해 가장 주변부인 갈릴리 회당에서 나사렛 선언을 선포한다. 이는 나사렛 선언의 희년 사상이 하나님 백성을 억압하고 구속하고 정결법에 따라 분리시키는 성전의 힘을 해체시키고자 하는 메시아적 도전이다. 예수의 인격과 사역은 십자가의 대속적 죽음으로 말미암아 성전 휘장을 두 조각으로 내어서 무효화시킨다. 이 사역은 성전의 대리 공간인 나사렛 회당에서 시작된다. 이는 주변부 반란을 알리는 메시아적인 선포이다.

왜 예수는 나사렛에서 사역을 시작했는가?

고대 로마 사회에 편입되어 있었던 팔레스타인의 갈릴리 나사렛은 이러한 거대한 중심과 주변의 네트워크에서 가장 변두리에 속한 지역이었다. 그렇다면 왜 예수는 이 나사렛을 사역의 출발점으로 삼았는가? 우리는 앞에서 진행하여 온 여러 논증과 상상력을 바탕으로 몇 가지를 종합적으로 생각하여 볼 수 있다.

먼저 예수의 가족이 나사렛에서 살았다. 유다 지파로서

갈릴리 나사렛에서 살면서 그들은 자신들의 처지를 운명으로 받아들이고 체념하며 살지는 않았다. 자신들의 삶의 환경에 묻혀서 아무런 전망 없이 살았던 가족이 아니다. 예수의 육신적인 선조들은 경건한 가족이었다. 자신들의 환경과 처지를 이스라엘의 거룩한 전승에 근거하여 창의적으로 재해석하며 '이스라엘의 회복'을 전망하며 살았다. 예수 가족들은 이미 예수 이전에 조상 대대로 내려오던 가족의 족보를 다윗의 후손에 대한 선지자들의 신탁들나단의 다윗의 후손에 대한 신탁과 예레미야의 여고니아에 대한 신탁과 더불어 에녹의 전승을 바탕으로 재해석하며, 자신들의 정체성을 확립하였다. 자신들을 이사야의 예언에 따른 이새의 줄기에서 나온 '가지'로 여기고, 그 가지를 통한 하나님 나라의 회복을 꿈꿔왔다. 그 신앙의 유산을 이어받아 살던 사람이 요셉과 마리아였다.

　　그들의 신앙은 자녀들에게 신앙교육을 통해 전수되었고, 그 전승들은 예수의 형제들의 사고 속에 신학적으로 정립되어 의식화되어 있었다. 예수의 형제들이 예수의 죽음 이후에 초대 기독교의 중요한 지도자로 활동하였는데, 거룩한 전승에 의해 자신들의 정체성을 다윗의 언약과 에녹의 묵시사상을 바탕으로 숙고하여 왔던 가문임을 알 수 있다. 예수 가족에게 에녹1서는 중요한 신학적 문헌이었다.

예수가 12세가 되어 예루살렘에 올라가서 당시 랍비들과 질의응답을 하실 때에 그 지혜와 대답에 청중들이 놀라운 반응을 보였다. 하나님의 아들로 태어나서 선험적인 지식을 가졌다고 하면 논의 자체가 되지 않지만, 성육신하신 예수도 가르침을 받고 부모의 훈육을 받은 분이시다. 그러한 지혜와 지식은 이미 가정교육을 통해 성경을 습득하고 의식화한 산물이다. 특히 예수의 가족에게 '예수'의 탄생은 반드시 해명되어야 하는 사건이었다. 마리아를 비롯하여 요셉은 경건한 사람들이었으므로, 가족과 관련한 예언들을 바탕으로 신학적 이해를 하려고 충분히 숙고했을 것이다. 특히 이사야 7장 14절의 동정녀 탄생 예언과 자신들의 상황을 연결시키려고 했을 것이다. 이미 가문으로 전승되어 오던 다윗의 후손에 대한 인식과 에녹의 예언, 그리고 이사야의 예언을 바탕으로 예수의 탄생 사건을 풀어 가려고 하였을 것이다.

예수에게 결정적인 사건은 세례이다. 거룩한 전승 속에서 가족을 통해 학습되고 정립하였던 다윗의 후손으로서 자의식이 확립되는 결정적인 시간이었다. 세례 이후 40일 동안 받은 광야의 시험은 자신의 신원과 사명을 가족의 신앙 전승과 더불어 세례를 기반으로 해석하는 시간이었을 것이다. 여기서 예수는 자신이 다윗의 후손인 하나님의 아들이지만, 이사야의 고난받는 종의 운명으로 사명을 감당해야 함을 알았고, 이사야 11장과 더불어 성경에 예언한 바로 그 '가지'가 자신임을 인식하게 된다. 그러나 '고난받는 여호와의 종'으로서 예수의 신원과 사명에 대한 이사야적인 이해는 예수 가족에게서 충분히 발전되지 않았기에, 예수의 가족들은 예수의 사역을 십자가 죽음과 부활 이전에는 이해할 수가 없었다. 예수에게 주어진 시험은 전적으로 예수의 신원과 사명에 집중되어 있다. 이러한 시험을 통해 '가지'로서 메시아적인 자의식을 확고하게 의식하게 되었다. 예수는 세례와 시험을 통해 에녹의 묵시적 전망과 다윗 후손으로서의 메시아적 의식과 더불어 이사야와 예언자들의 '가지' 사상을 견고하게 확증한 이후에, 자신의 사역의 공식적인 출발 무대를 '나사렛'으로 삼았다.

주변부 반란의 기점

나사렛이 예수의 의도적인 하나님 나라 사역의 출발점이라면, 어떤 전망을 예수는 품고 있었는가? 예수는 나사렛을 기점으로 출발하여 갈릴리 사역을 통해 하나님 나라 사역의 플랫폼을 형성하였다. 이를 바탕으로 팔레스타인의 하나님 백성의 근원 역할을 하는 예루살렘의 중심성을 해체하고, 다시 나아가서 지중해 세계의 패권을 잡은 로마의 중심성을 해체하고, 그 하나님 나라의 복음을 땅끝까지 흘려 보내고자 한다. 하나의 주변부의 반란으로서 예수 운동을 이해할 때에 다음 몇 가지를 논의하고자 한다. 첫째, 예수 운동의 사상적 청사진은 어디에서 비롯되는가? 둘째, 예수는 누구인가? 셋째, 예수 운동의 가치독특성와 운용 방식은 무엇인가?

예수는 사역의 출발점을 나사렛으로 삼으면서 어떤 청사진을 그리고 있었을까? 나사렛에 대한 전반적인 그림은 이사야 사상에서 비롯된다. 구약의 메시아 예언은 시편과 이사야에 가장 많다. 예수의 탄생부터 사역과 죽음에 이르는 종합적인 그림이 이사야서에 나온다.

동정녀 탄생(사 7:14 / 눅 1:26-31)

갈릴리 사역(사 9:1-2 / 마 4:13-16)

다윗 보좌의 유업을 상속(사 9:7; 사 11:1, 10 / 눅 1:32, 33)

주의 길을 예비(사 40:3-5 / 요 1:19-28)

침 뱉음과 매를 맞음(사 50:6 / 마 26:67)

고난받는 종(사 52:13-53:12)

하나님의 영이 강림(사 11:2; 4:4; 42:1; 61:1 / 눅 3:22)

이방인이 그를 찾음(사 11:10 / 요 12:20-21)

의로 심판(사 11:4-5 / 눅 19:22; 요 5:27)

특히 이사야는 메시아의 신원에 대하여 일련의 예언을 하고 있다. 메시아는 여호와의 싹사 4:2이며, 기묘자/모사/전능하신 하나님/영존하시는 아버지/평강의 왕사 9:6이요, 싹과 가지사 11:1, 10, 여호와의 종42:1이다. 이사야의 이러한 예언은 메시아에 대한 전반적인 그림을 그릴 수 있도록 소재와 전망을 제공한다. 특히 이사야 11장과 61장은 각기 그림을 묘사하고 있지만, 이 두 그림은 합쳐져 하나의 그림을 보여 주고 있다. 11장은 이새의 줄기에서 나온 뿌리/싹이 나서1절 성령이 강림하면2절 의와 평강으로 통치하여2-5절 경쟁과 생존의 생태계가 아닌 공존과 평화의 생태계6-9절가 형성되고, 여호와를 아는 지식이 세상에 충만하게 되고, 이스라엘의 남은 자들을 회복된 그 생태계로 불러 모으는 비전을 그리고 있다. 61장은 '여호와의 고난받는 종'이 성령의 기름 부으심을 받아서 가난한 자에게 복음을 전하여 치유와 회복과 위로의 사역을 통해 '의의 나무'3절가 심어진다. 이 '의의 나무는 황폐한 성읍황폐한 성읍은 62-66장에서 예루살렘이 된다을 다시 복원하여 밭과 과수원의 주인이 되고 이방인은 농부와 돌보는 사람이 되어5-6절 동산을 이루게 된다11절고 전망한다. 의의 나무는 여호와의 제사장6절, 하나님의 봉사자6절, 여호와께 복 받은 자손9절이 되며, 여호와는 공의로 다스리며 영원한 언약을 맺는다8절. 이 그림들은 가지나사렛가 자라고 뿌리에서 싹이 나서 생태계를 회복하고 그곳에 하나님의 백성이 다스리는 하나의 그림을 그리고 있다.

주변부의 반란을 시작하는 예수는 누구인가? 나사렛에서 하나님 나라 복음 선포를 시작한 예수는 자신을 어떻게 이해하였는가? 예수의 자기 이해에 있어서 중요한 질문은 '예수가 자신을 어떻게 호칭했는가?'이다. 예수는 한 번도 자신을 메시아/그리스도, 주, 하나님의 아들과 같은 칭호를 사용하지 않았다. 예수의 자기 칭호는 '인자'그 사람의 아들이다. '인자'는 다니엘 7장 13절의 '인자와 같은 이'를 연상시키고 있다고 본다Kim, 1985. 그러나 이 인자 칭호조차도 애매모호한 암호와 같다.

이때까지 신학학계에서 진행하여 온 역사적 예수의 탐구는 1) 열심당 혁명 집단의 지도자Brandon 1967, 2) 견유 철학자와 같은 대항문화 운동가Crossan 1991, 3) 급진적인 사회 개혁가Horsley

1987, 4) 유대 선지자적인 메시아^Meyer 1979로 크게 분류할 수 있다. 역사적 예수를 규정하는 어떤 범주도 정확하게 나사렛 예수의 자기 이해를 포괄하지 못한다. 예수 당시에 수많은 메시아 운동들이 유대와 예루살렘을 중심으로 활동하였지만, 갈릴리에 명백하게 기반을 두고 활동한 운동은 오직 예수 운동이 유일하다^Freyne 1988; Horsley & Hanson 1985. 역사상 어떤 메시아 운동도 자신들을 나사렛 '가지'로 간주하고, 그 운동을 전개한 적이 없다. 당대의 자칭 메시아들이나 역사적 예수의 연구가들이 실패하고 있는 점은 선지자들이 예언한 메시아는 다윗의 줄기에서 나온 가지이며, 동시에 그 사역을 이사야가 예언한 고난받는 종으로서 수행한다는 점을 간과하는 데 있다. 그러나 예수는 자기 이해와 사역을 철저히 '가지' 사상에 바탕을 두고 있었다.

　　나사렛 예수와 다른 메시아 운동과의 차이점은 무엇인가? 예수 당시에 수많은 자칭 메시아 운동이 있었지만 하나님의 통치에 대한 이해 차이가 예수 당시의 유대교 분파들과 근본적인 차이를 만들어 냈다. 집권 세력이었던 사두개파나 일종의 야당 역할을 하였던 바리새파, 그리고 세속으로부터 도피하여 쿰란 공동체에 은둔하였던 에센파, 혁명적 운동의 열심당은 하나님의 통치가 이뤄지는 이스라엘의 회복에 대한 비전과 프로그램이 있었다. 또한 의적의 형태로 혁명 운동을 펼쳤던 메시아 운동들도 하나님 나라 회복에 대한 이상과 대의명분이 있었다. 이러한 운동과 나사렛 예수의 하나님 나라 운동 사이에는 근본적인 차이가 있었다. 그 차이는 제시하는 '대안적 가치의 차이'이다. 가치가 차이를 만들어 내고, 그 차이는 영향력이 된다. 나사렛 예수도 성전과 유대 지도층에 대하여 비판적이었지만 의적들처럼 무장하지 않았다Slatta 1994: 76-78.; Eric Hobsbawm 1969; 1959. 의적들은 유대 사회에 상당한 사회적 충격을 주었지만, 그 여파는 길지 않다. 그러나 예수의 활동 기간은 3년이지만, 예수의 메시아 운동의 여파는 지구촌 전체를 뒤엎었다. 데살로니가에서 유대인들은 바울 일행을 '천하를 어지럽게 하던[뒤집어 놓았던] 이 사람들'행 17:6이라고 하였다. 유대 변호사 더둘로는 바울을 '전염병'이라고까지 했다. 결국 근본적인 차이점은 가치의 차이로 귀결된다.

예수 당시 유대 분파들의 하나님 나라는 그 방법이나 프로그램은 달랐지만, 하나님 통치를 이 땅에서 이루는 온전한 이스라엘의 회복이었다. 그들의 초점은 당시 제도의 쇄신 또는 변혁에 집중되어 있었다. 그러나 예수의 하나님 나라는 달랐다. 제도가 아닌 가치의 변혁이었다. 하나님 나라로 대변되는 예수의 비전은 이스라엘의 전능하신 하나님의 통치에 대한 총체적인 신뢰와 의존이다. 이는 일종의 '가치 혁명'value revolution 으로 나타난다Freyne, 2000: 126; 2004: chap. 5. 이러한 가치 혁명의 신학적 기반은 희년 사상이다레 25:8-17. 예수의 나사렛 선언은 이 이사야의 희년 사상58:6; 61:1-3을 실현하기 위한 선언이다.

　　왜 희년을 선포하는가? 레위기의 희년은 모든 것을 원래의 위치로 돌려놓는 것이다. 이는 모든 매임과 억압에서의 '자유'이다. 자유는 풀어 주는 것이다. 노예가 해방되고, 땅이 원소유주로 돌아오고, 빚이 탕감된다. 그리고 땅을 1년 동안 묵혀 둔다. 희년은 하나님이 절대주권을 가지신 '주'임을 인정하는지 질문하는 기간이다. 하나님이 땅의 주인이고, 이스라엘은 단지 거류민일 뿐이며, 하나님이 공급하시는 분이심을 신앙으로 고백하는 기간이다레 25:23, Sloan 1977. 희년의 선포는 군림하며 억입하고 묶고 매는 모든 힘을 무력화시키고, 묶이고 눌린 자들을 풀어 주는 것이다.

　　나사렛 예수의 희년 선포는 정치·사회·경제·종교적으로 묶고 있는 권세들에 대한 도전이다. 이제는 그 희년의 나팔을 불고, 그 묶임을 풀 시간이 시작되었다는 선포가 바로 나사렛 선언이다. 다른 공관복음의 언어로는 "때가 차고 하나님 나라가 가까이 왔다. 회개하라"는 말이다. 하나님 나라의 가장 핵심 가치는 하나님의 통치와 그에 대한 전적인 신뢰와 의존이다. 이에 하나님은 그 백성의 하나님이 되시고, 그 백성은 그의 소유가 된다. 따라서 하나님의 백성은 전적으로 그의 은혜에 의존하여 살고, 그 나라와 그 뜻을 이루는 통로이다.

그러면 어떻게 나사렛 예수는 이 희년을 실현해 나갈 것인가? '가치 혁명'을 통해서이다. 하나님 나라는 가치 전쟁이다. 하나님 나라와 세상 나라는 가치관이 다르다. 세상 나라로 대변되는 로마제국과 그 하수인들인 헤롯과 예루살렘 성전의 지배 계급이 추구하는 가치관과 예수가 추진하는 가치관은 전적으로 다르며, 그 가치 구현을 통해 이들 정치·종교의 중심을 해체한다. 어떻게 해체하는가? 이사야 11장 6-9절의 그림과 같이 강자와 약자, 부자와 가난한 자, 포식자와 먹이가 함께 눕고 놀고 먹고 살도록 적자생존과 생존경쟁과 약육강식의 가치관을 해체한다.

예수의 삶의 방식은 '가지'로서 자유하게 하는 능력과 더불어 가치가 무엇인지를 친히 보여 준다. 예수는 하나님 나라의 복음을 전하면서, 이 땅에 사탄과 그의 통치를 받는 정치·

종교 세력들의 묶임을 자유하게 하는 삶을 친히 살았다. 성령의 능력으로 예수는 병자와 죽은 자와 귀신 들린 자들과 이 땅의 물질적인 한계에 갇혀 있는 자들을 자유하게 한다. 자유하게 하는 능력이 있는 자는 가치를 창출한다.

　　나사렛 예수가 창출하는 가치는 무엇인가? 이 세상의 가치와 정면으로 부딪치며 사회적 한계와 종교적 제한들을 돌파해 가는 나사렛 예수가 천명하는 가치는 세상 가치를 뒤집는다. 하나님 나라가 마치 겨자씨, 누룩과 같다눅 13:19, 21는 예수의 메시지는 그 가치의 생명력과 변혁의 능력을 비유적으로 나타낸다. '가지'의 가치 혁명은 대체로 일곱 가지로 정리된다.

　　첫째, 나사렛 운동은 '새로운 명예'를 추구한다. 고대 지중해 사회에서 최고의 사회적 가치는 명예이고, 그 반대는 수치이다. 재력과 권력과 가문과 사회적 지위와 신분은 이 명예를 얻기 위한 수단들이다. 이 사회의 사람들은 매일 명예를 추구하며 고통스러운 경쟁을 이어 간다. 나사렛 예수는 수여된 명예를 지키고 수치를 당하지 말되, 경쟁을 통해 신분상승을 추구하지 않도록 가르친다눅 14:7-11. 예수는 최후의 만찬 이후에 제자들이 '누가 크냐?'고 다툴 때에 이를 책망하였다눅 22:24-27. 명예를 추구하는 바리새인과 서기관을 비난하였다눅 11:39-52. 따라서 바울은 십자가의 수치를 찬양하고고전 1:18-31, 명예를 추구하는 로마 그리스도인들을 비판한다롬 12장. 모든 명예의 근원인 하나님께 영광을 돌리며, 하나님 나라에서 명예를 추구하도록, 명예에 대한 새로운 정의를 내린다.

둘째, 나사렛 운동은 경제생활에 '가족의 가치'를 드러낸다. 고대 사회에서 사람 간의 교환은 세 가지로 이뤄진다. 먼저 부정적 교환 방식이 있다. 도둑질과 사기와 강도질로 남의 것을 빼앗는 행위이다. 다음은 '주고받고'가 균형 잡힌 교류 방식으로, 비슷한 신분과 지위의 사람들끼리 이뤄진다. '끼리끼리' 의식으로 한 집단의 울타리를 견고히 한다. 마지막은 긍정적 호혜방식으로 보상을 바라지 않고 아낌없이 베푸는 행위이다. 부모가 자식에게 베푸는 사랑, 하나님이 그 백성에게 베푸는 은혜와 같다. 이 방식은 가족 내에서 이뤄진다. 나사렛 예수는 이 방식을 제자들에게 추천한다눅 14:12-14. 되돌려 줄 수 없는 자들에게 베풀어 주는 교류 방식은 하나님 나라의 경제 원칙으로, 끼리끼리 원칙으로 자신의 집단만 보호하는 세상의 가치와 교류 방식과는 근본적으로 다르다. 그래서 초대 교회는 손 대접과 구제를 최고의 덕행으로 여겼다선한 사마리아인의 비유, 눅 10:25-37. 주는 자가 받는 자보다 복이 있다행 20:35; 눅 12:33; 행 2:45.

셋째, 나사렛 운동은 로마 황제가 아닌 이스라엘의 하나님을 '최고의 후견인'으로 삼는다. 고대 지중해 사회는 후견인 제도로 사회관계를 형성한다. 로마 황제가 최고의 후견인이 되고, 이 사회 제도를 통해 모든 사회적 네트워크가 이어진다. 헤롯은 로마 황제를 후견인으로 삼은 '가신家臣'이다. 모든 사회적 신분과 지위에 따라 이러한 사회관계가 형성되고, 다른 사회 계층을 이어 주는 역할을 중개인이 한다. 그런데 나사렛 예수는 제자들에게 이방 왕들처럼 군림하거나 집권자들처럼 은인 행세를 하지 말고, 섬기는 자가 되라고 한다눅 22:25-26. 하나님 나라에서 후견인이자 은인은 하나님밖에 없다.

'하나님 아들'이나 '메시아', '인자'와 같은 기독론적 칭호들은 신적 중개인의 칭호들이다. 제사장은 하나님과 사람 사이에, 사람과 사람 사이에 다리를 놓는 역할을 한다. 군림하고 지배하며 조종하는 삶은 제자의 삶의 방식이 아니다. 제자는 오히려 중개인이 되어야 하다.

희년 제도에서 영구적 상징 존재는 레위 지파이다. 이들은 땅을 소유하지 않는 나그네와 같은 거류민이다. 레위인은 섬기는 자이다. 이스라엘은 하나님의 소유로 열방 앞에서 하나님을 섬기는 제사장 나라로 부름을 받았다출 19:6. 이는 레위인의 삶이다. 나사렛 예수와 그 제자들은 이 땅에서 마치 레위인처럼 살았다. 바울은 우리의 시민권은 하늘에 있다[빌 3:20]고 하였고, 베드로는 그리스도인은 '왕 같은 제사장'이라고 설명한다[벧전 2:9]. 레위인은 전적으로 하나님의 소유로 하나님의 통치를 받으며, 하나님의 공급하심으로 살아가는 삶의 방식을 따른다. 그리고 하나님 나라의 브로커로서 살아간다.

넷째, 나사렛 예수의 복음은 가난한 자를 우선적인 수혜자로 삼는다. 고대 지중해 사회는 제한된 자원의 사회로서, 누가 많이 가지면 다른 이는 적게 가지게 되어 있다. 산업사회의 과잉생산 체계와는 달리 먹고살 만큼 제한된 자원 속에서 살아가는 농업 기반 경제 사회이다. 지중해 문화 속에 사는 농민들은 다음 세 가지를 일종의 규범으로 인식하고 있다. 하나, 자원은 제한되어 있다. 둘, 기근이나 전쟁이 없다면 굶어 죽지는 않는다. 셋, 그러나 부자는 다른 이의 분량을 취하기에 본유적으로 악하다. 유산으로 받은 부는 도적질한 것이고, 악행으로 부를 축적하였다[Malina 2001: 104-109]고 평가된다. 이 사회에서 결핍과 노동 속에 살아가는 농민들은 부자에 대한 시기심이 있다. 이는 세금과 노동 착취로 압제하는 지배 계층에 대한 농부의 신념이다.

그래서 나사렛 예수는 가난한 자가 복이 있다고 했다. 마태의 팔복에 해당하는 지복선언을 누가는 4복 4화로 표현한다마 5:3-12; 눅 6:20-26. 여기서 부자와 가난한 자, 주린 자와 배부른 자, 우는 자와 웃는 자, 모욕을 당하는 자와 칭찬을 받는 자 사이를 복이 있는 자와 화가 있는 자로 대조한다. 이는 당시의 세계가 추구하던 가치 체계를 전도시킨다. 예수 당시 이스라엘과 이를 포괄하는 그리스 로마 사회는 부와 권력과 명예를 최고의 가치로 삼았다. 모든 정치·경제·사회·종교 체계 자체가 부와 명예와 권력을 얻기 위해 형성되어 있었다. 재산을 축적하는 부자는 지중해 농민의 시각에서는 '바보'이다눅 12:16-21. 부자와 나사로눅 16:19-31의 비유를 비롯하여 부자를 대개는 부정적으로 많이 다루고 있는데 삭개오는 회개한 부자의 전형적인 본보기이다.

다섯째로 나사렛 운동은 예루살렘 성전의 공간 구별을 원천으로 삼는 '정결법'의 가치 판단 기준을 무효 학시킨다. 대신에 나사렛 예수를 근원으로 삼는 새로운 정결법을 창출한다. 이스라엘은 레위기 정결법이 강하게 지배하여, 성속의 구별이 강하게 존재한다. 그래서 가난한 자, 장애인들, 세리와 죄인들은 성전 제사에 참여하지 못했고, 경건한 유대인의 밥상 교제에서 배제되었다. 그래서 장차 있을 메시아 잔치에도 초청을 받지 못한다고 보았다.

그러나 나사렛 예수는 이러한 부류의 사람들과 교류하는 것을 주저하지 않았다. 그들과 밥상 교제를 하였고, 그들을 품었다. 그래서 바리새인들은 예수에게 별명을 붙여 주었다. "죄인과 세리의 친구"눅 7:34. 누가복음 15장의 '잃어버린 자를 찾는 비유들'은 이러한 예수의 행동에 대한 설명이자 나사렛 예수의 복음의 진수를 '그림 언어'로 표현하고 있다. 사도행전에서 이방인 고넬료의 집에 가기를 주저하는 베드로는 '아무도 속되다 하거나 깨끗하지 않다 하지 말라'는 하나님의 지시를 받는다행 10:28. 성속 이원론은 사탄의 전략이다. 하나님 나라에는 구별은 있지만 차별은 없다. 나사렛은 차별을 없애기 위한 가치이다.

여섯째로 나사렛 운동은 '소그룹 운동'이다. 나사렛 예수의 하나님 나라 운동은 당시 그리스 로마 사회가 표방하는 '큰 것이 좋아!'라는 가치에 대항하여 '작은 것이 아름답다'고 맞서는 가치 전쟁이다. 새로운 도시들을 건설하고, 옛 것을 크고 새롭게 리모델링하고 새로운 궁전들을 짓는 것은 지배 엘리트들이 과시하는 표현이다. 이러한 과시는 유대 백성들을 희생시켜 적출해 낸 탐욕의 열매들이다. 로마 황제와 유대의 헤롯은 권력과 건축과 지배 영토 등과 같이 모든 것을 크게 확장하였다. 헤롯은 수많은 건축 프로젝트를 진행했는데, 그중 가장 심혈을 기울인 작품이 예루살렘 성전의 개축과 확장이다. 웅장하게 아름답게 장식하였지만, 실상은 고대 근동의 웅장한 신전을 모델로 삼았다.

예수는 이 성전 건물을 보고 감탄하는 자들에게 오히려 성전의 멸망을 예고한다눅 21:5-6. 예수와 그 제자들은 건축 프로그램을 진행시키지 않았다. 땅을 소유하지도 않았다. 기념비적인 상징도 없었다. 오직 열두 제자를 양육하는 소그룹 운동에 집중하였다. 추종하는 '허다한 무리'에 현혹되지 않고 오히려 거리를 두거나 자격을 제한하였다눅 5:15; 14:25. 예수는 군중심리에 요동하지 않았다. 나사렛 예수는 하나님 나라 운동을 하면서 열두 제자들로 이스라엘의 열두 지파를 대신하는 새 이스라엘의 기틀을 삼았다막 3:13-19; 마 19:28. '가지'의 소그룹 운동은 겨자씨와 누룩을 하나님 나라의 상징으로 삼았다. 예수는 "적은 무리여 무서워하지 말라 너희 아버지께서 그 나라를 너희에게 주시기를 기뻐하시느니라"눅 12:32라고 제자들을 향하여 선포하셨다.

일곱째로 예수 운동의 가치는 '십자가'이다. 나사렛 예수는 '십자가를 향하여' 나사렛에서 예루살렘으로 가셨다. 십자가는 지중해 사회의 제도적인 폭력이다. 제도화된 폭력은 사회적 평온을 유지하려는 절차로서 범죄자에게 가하는 형벌이며빌라도, 한 사회의 도덕적 업무를 담당하는 자들이 자신들의 이익을 변호하려고 그 이익에 위협이 되는 일탈자나 사회전복 세력에게 통제력을 행사하는 과정이기도 하며대제사장, 대상자의 언행으로 표현된 것에 대중적인 분노를 촉발시켜 자신들의 사회적 규범을 회복하고 재확증하려는 의사소통의 형식으로 주로 불만분자나 이단들을 대상으로 가하는 처벌이다지배 엘리트 계급.

십자가는 헬라인들은 꺼리는 것이고, 유대인에게는 하나님께 저주받은 자의 상징이다. 당시 사회에서 한 인간을 사회적으로 매장하는 가장 폭력적이고 잔인하고 수치스러운 방법이다. 예수는 범죄자 중에 하나로 헤아림을 받기 위해 십자가를 지셨다사 53:12.

왜 바울은 이 십자가의 수치를 자랑하는가? 어떻게 십자가가 하나님의 능력이요 하나님의 지혜가 되는가? 십자가가 어떤 가치를 창출하는가? 십자가만이 사회와 사람을 변화시킬 수 있기 때문이다. 십자가는 가치 전복의 핵심이다. 십자가는 미련을 통해 지혜를 부끄럽게 만들고 약함을 통해 강함을 부끄럽게 하고, 천하고 멸시받고 없는 것을 통해 있는 것을 폐하시는 하나님의 지혜이자 능력이다고전 12:6-31.

　　십자가는 세상 가치의 근원에 있는 사탄의 권세를 무력화시키는 하나님의 지혜이자, 하나님의 능력이다. 사탄은 죄와 사망의 권세로 세상의 왕 노릇을 하며, 인간을 조종하고 억압하고 군림한다. 예수의 십자가는 사탄이 로마제국의 제도화된 폭력을 이용하여 예수를 죄와 사망의 권세 아래 결박한 역사적이자 우주적인 사건이다. 그러나 하나님이 이 예수를 살리셨다. 부활은 하나님만이 할 수 있는 신적인 사건이다. 부활은 세상 법정의 판결을 하늘 법정에서 뒤엎고 그 정당함을 입증하는 신적인 판결이다. 뿐만이 아니라 하나님이 그를 지극히 높이셔서 하나님 보좌 우편에 좌정하게 하셨다빌 2:5-11. 십자가와 부활은 세상의 모든 권세의 근원인 사탄의 중심을 해체시킨 사건들이다.

　　그렇다면 십자가는 예수 운동에 어떤 가치를 부여하는가? 왜 예수는 제자의 자질 요건 중에 하나로 '자기의 십자가를 지라'고 요구하는가? 십자가는 예수 복음의 핵심 가치일 뿐 아니라 능력이요, 나사렛 예수의 제자들이 살아야 할 삶의 방식이다. 나사렛 예수는 하나님의 아들임을 증명할 수 있는 요구를 거부하고, 고난받고 버림받고 죽음의 비참함을 기꺼이 받아들인다Martin, 1972. 나사렛 예수가 선포하는 하나님 나라의 백성은 이 삶의 방식으로만이 세상을 이길 수 있고, 세상을 변화시킬 수 있으며, 세상의 중심을 해체시켜 나갈 수 있다. 다른 방법은 없다.

십자가의 가치는 당대의 예루살렘과 로마로 대변되는 권력의 중심이 추구하는 가치와는 정반대이다. 예수의 하나님 나라는 역설과 반전의 나라이다. 이 가치 혁명은 나사렛 회당에서 시작되어, 성전의 가치를 전복시키고 해체시키며, 로마의 가치를 전복시키고 해체시키게 된다. 예수 운동은 유대 사회·정치의 두 축인 성전 지배 엘리트 계급과 로마 권력에 심각한 위협이 되었다. 이러한 위협은 열심당원과 같은 폭력적인 혁명이나 견유 철학자들과 같이 대항 문화적인 거리 두기 때문이 아니다. 가치의 혁명이 그 원인이다. 나사렛은 중심을 해체하는 주변부 반란의 시작과 근원이다.

6장

예수 이후의 나사렛

‘나사렛에서 무슨 선한 것이 나겠느냐?’ 나다나엘의 이 질문에 답변할 시간이 왔다. 예루살렘 중심성은 예수의 죽음과 부활을 통해 해체되었다. 그러면 예수 이후에 나사렛은 초대 교회에서 어떻게 인식되었는가? 예수 이후의 복음은 어떻게 전개되었는가? 누가는 자신의 기본적인 지리적 구도에 따라, 나사렛에서 시작한 복음이 예루살렘을 거쳐서 땅끝을 향하여 나아가면서 예루살렘과 로마라는 두 개의 중심을 해체시켜 나가는 예수 운동의 역동성을 기록하고 있다. 복음은 한 방향으로만 확장된 것이 아니라 사방으로 전개되었다[맥버니 1991; 토드 헌트 2012]. 이 과정에서 ‘나사렛’은 어떤 역할을 하였을까?

복음 전도의 근거지

신약에는 기록되지 않았지만, 나사렛은 초기 유대 기독교에서 복음 증거를 전개하는 본부 역할을 한다. 여러 가지 증거가 있다. 첫째, 로마 황제 데시우스[Decius]의 치하였던 주후 250-251년의 기독교 박해 기간에, 제국 장원의 정원사 코논[Conon]이 소아시아 밤빌리아의 마기도스[Magydos]에서 순교하였다. 순교 이전에 법정에서 출생지와 선조에 대한 질문에 이렇게 대답하였다. “나는 갈릴리 나사렛에 속하였고, 나는 그리스도의 가족으로 그에 대한 예배는 나의 선조로부터 물려받았으며, 나는 그분을 만물 위에 하나님으로 인정합니다"Mart. Conon 4.2.

둘째, 율리우스 아프리카누스Letter to Aristides, 3세기 전반의 증언. "예수의 친족들도 나사렛과 코크바의 유대 마을로부터 땅의 나머지 부분들을 여행하면서 그들이 가지고 있던 [가족 전승]과 날들의 책[즉 역대기]로부터 가능한 그들이 추적할 수 있는 한또는 그들이 여행을 갈 수 있는 한족보를 해석하였다"Eusebius HE I.7.14.

셋째, 가이샤라 비문. 바르 코크바 반란 이후 135년에 하드리안 황제는 모든 유대인들은 예루살렘을 떠나라는 칙령을 선포하고 예루살렘을 엘리아 카피톨리나Aelia Capitolina로 개명하였다. 이에 1년에 24반차를 따라 성전 봉사를 하던 유대의 제사장 가족이 갈릴리의 여러 도시와 고을로 흩어져서 살았는데, 이 비문에 기록된 제사장은 나사렛에 정착하였다는 내용이다Mishmaroth 18. 어쩌면 이들 제사장들은 사도행전 6장 7절에 언급된 '허다한 제사장이 무리'에 속한 사람들일 수도 있다.

지금의 이라크 바그다드의 동남쪽 티그리스 강 왼쪽 기슭에 있었던 페르시아 제국의 수도인 셀레우키아 크테시폰Seleucia-Ctesiphon에 마리Mari가 주후 79년에서 116년 사이에 교회를 설립하는데, 그 후임으로 언급된 아브리스Abris, 아브라함

Abraham, 야고보Yaqub는 주의 친족들이다. 그 외에 글로바의 아들 시메온Symeon, 조커Zoker, 유다의 손자 야고보, 순교자 코논Conon 등은 주의 친족들로서 나사렛에서 바그다드를 잇은 무역통로를 따라 선교를 하였다Bauckham 1990:57-130.

이러한 증거들을 참고로 할 때에, 초대 기독교는 메시아적인 해석 전승에 따라 '코크바'별와 '나사렛'가지을 적극적이고 의도적으로 활용하여, 자신들의 정체성을 확립하는 데 사용하였다. 그리고 이들 마을을 심사숙고하여 의도적으로 면밀하게 자신들의 선교의 기지로 선택하였다. 예수의 친족들은 자신들이 다윗의 후손으로서 다윗 언약의 회복에 대한 의식을 깊이 가지고서 스룹바벨 이후의 그들의 가족의 역사를 소중하게 여겼다. 그들은 다윗적 메시아사상과 에녹의 묵시주의를 바탕으로 예수가 메시아이며 하나님의 아들이라고 나사렛 예수의 복음을 팔레스타인에 전하였다.

사회적 신원의 핵심 가치

이러한 나사렛의 지리적인 역할보다도 더 중요한 사항은 나사렛이 초기 기독교의 정체성의 핵심 가치로서 자리잡았다는 사회적 역할이다. 고대 지중해 사회는 집단 중심의 사회로

한 사람의 사회적 신원은 어느 집단에 속해 있느냐가 매우 중요하다. 예수의 제자들은 자신들의 사회적 신원을 어떻게 표현하였을까? 또한 자신들이 메시아로 믿었던 예수를 어떻게 믿고 고백하였는가? 또한 유대교로부터 어떤 인상을 받았는가?

신약에서 나사렛은 총 31번 사용되는데, 다음처럼 다른 형태로 사용된다. 'ναζαρετ'4번, 'ναζαρα'2번, 'ναζαρεθ'6번, 파생어로 'ναζαρηνος'6번, 'ναζαραιος'13번. 이렇게 같은 단어가 다른 형태로 사용된 이유는 무엇일까? 히브리어가 헬라어로 전환되면서 발음상 약간 다르게 표기되었고, 헬라어로 사용하기에 낯선 단어인 까닭이 있다.

'나사렛'은 장소로 아홉 번 사용되고^{막 1:9; 마 2:23; 4:13; 21:11; 눅 1:26; 2:4; 2:39; 2:51; 4:16}, 예수에게 스무 번^{마 26:71; 막 1:24; 10:47; 14:67; 16:6; 눅 4:34; 18:37; 24:19; 요 1:45; 1:46; 18:5; 18:7; 19:19; 행 2:22; 3:6; 4:10; 6:14; 10:38; 22:8; 26:9} 사용된다. 이런 사례를 통하여 다음과 같이 정리할 수 있다. 첫째, 신약에서 나사렛이라는 말은 복음서와 사도행전 이외에는 사용되지 않는다. 둘째, 나사렛이 지명으로 사용된 경우보다 예수에게 사용된 경우가 훨씬 더 많다. 셋째, 예수를 나사렛 예수라고 칭한 주체가 다양하다. 예수 자신^{행 22:8; 막 16:6}, 무리들^{마 2:11; 막 10:47; 눅 18:37}, 제사장 가

야바의 여종[마 26:71; 막 14:67], 대제사장의 종[요 18:5, 7], 스데반을 고소하는 거짓 증인[행 6:4], 악한 영[막 1:24; 눅 4:34], 빌라도의 예수 '죄패'인 "나사렛 예수 유대인의 왕"[요 19:19], 제자들, 엠마오 도상의 제자[눅 24:19], 빌립[요 1:45], 바울[행 26:9], 사도들 및 베드로[행 2:22; 3:6; 4:10; 10:38 [=사 11:1]]. 넷째, 나사렛을 특정 집단에 적용한 경우가 있다[마 2:23 — 나사렛 동네 사람, 행 24:5 — '나사렛 이단의 우두머리'].

신약 외의 사례들을 보자. 테르툴리아누스[200년경]는 "유대인들은 우리를 나사렛인[nazarenos]으로 부른다"[Adversus Marcionem 4.8]라고 했다. 유세비우스[Eusebius, 300년경]는 "지금 그리스도인이라 불리는 우리는 과거에 나사렛인[nazarenoi]이란 이름을 받았다"라고 했으며 에피파니우스[Epiphanius, 키프로스 살라미스 섬의 감독, 375년경]는 이렇게 말했다. "나사렛인들[Nazoraioi]은 새롭게 설립된 집단이 아니라 이단이다"[Panarion 29]. "이 이단은 자신들을 그리스도인 또는 예수 자신의 이름으로 부르지 않고 나사렛인[Nazoraeans]이라고 한다. 하지만 그때에 모든 그리스도인들은 동일하게 나사렛인들로 불려졌다. 그들을 또한 잠시 동안은 이새의 사람들[Jessaeans]이라고 부르기도 했는데, 이는 제자들이 안디옥에서 '그리스도인'이라 불리기 이전이다"[Panarion 29.1.2-3].

나사렛은 1세기에 유대교 내에서 하나의 분파로서 분류

되는 이름이 되었다. 2세기의 영지주의 복음서인 빌립 복음서는 다음과 같이 설명한다. "우리 앞에 왔던 자들은 그를 나사렛 예수 그리스도라고 불렀다…… '나자라'는 '진리'이다. 그러므로 '나사렛'은 '진리이신 분'이다"빌립 복음 47. 나사렛의 복수형인 '나조림'이 1세기 말에 부각되는데, 이는 당시 유대인이 매일 드리는 이단들을 향한 저주의 기도문에 등장한다. "하루에 세 번씩 그들은 말한다. '하나님 나사렛당黨을 저주하소서!'"Panarion 29.9.2.

나조림과 나란히 에비온가난한 자파가 동시대에 등장하는데, 에피파니우스에 따르면 이들은 나사렛당 내부로부터 출현하였으나, 교리적으로 바울의 신학을 반대하고 그리스도를 '의로운 사람'으로 경외하는 집단이었고, 이들은 자신들을 '언약의 수호자'라고 하였다. 그래서 원래의 나사렛당은 자신들을 유대교의 일반적인 강령 내에서 자리를 다시 잡은 유대교적인 에비온파의 유대교를 거부한 나사렛파로 나뉘어졌다. 이들에게서 〈나사렛 복음서〉, 〈에비온 복음서〉, 〈히브리 복음서〉 등이 만들어졌으나, 지금은 존재하지 않고, 간접적으로 내용을 파악할 수 있다.

복음서 저자들이 예수를 나사렛 예수라고 표현할 때에,

이는 단지 나사렛 출신 예수라는 주민등록상의 신분 확인이 아니라, 이사야 11장 1절, 10절과 다른 구약의 가지 사상을 바탕으로 예수는 '가지'라고 표현하는 일종의 기독론적 칭호이다. 특히 누가는 자신의 책누가-행전의 기본 구도에 적합하게 나사렛 예수를 '가지' 예수로 인식하고, 예수의 신원을 파악하는 중요한 증거인 족보도 이새의 줄기에서 나온 '가지'로서 예수라고 확증하고 있다.

초기 기독교인들은 자신들을 '나사렛인'이라고 표현하였다. 나사렛은 팔레스타인 지역에서 초기 예수의 제자들이 하나의 사회적 집단으로서 자신들의 신원을 표현하는 용어였다. 누가는 예수의 제자들을 '그리스도인'이라고 부르는 호칭을 소개한다행 11:26. 이 호칭은 라틴어와 헬라어 사용권으로 복음이 전파되면서 점차 예수를 믿는 신자들의 자기 칭호로 정착되었다. 그러나 아람어 사용권인 팔레스타인 지역에서 예수의 제자들은 '나사렛인'이라는 칭호로 불렸고 인식되었다. 안디옥의 이방인 예수 제자들은 자신들을 '그리스도인'으로, 예루살렘의 제자들은 자신들을 '나사렛인'으로 불렀을 가능성이 크며Ehrhardt, 1969: 114, 그리스도인이 예수의 메시아 칭호를 채용한 것처럼, 나사렛인도 예수의 메시아적 칭호인 '나사렛'을 채

택하여 자신들의 신원을 표현하였다. 바울은 더둘로가 자신에게 나사렛 이단이라고 했을 때에, 자신과 관계가 없다고 반박하지 않았다. 예수 운동은 팔레스타인 지역에서는 '나사렛인'으로 인식되었으나, 복음이 그리스 로마 세계로 전해지면서 '그리스도인'으로 점차 대체되었다.

이라크 모술 지역에 이슬람 극단주의 단체인 'IS'에 핍박을 받는 그리스도인들이 있다. 이들은 자신들을 나타내는 상징으로 십자가가 아닌 나사렛을 집이나 임시로 주거하는 천막 그리고 교회에 표시하고 있다. 특히 IS가 이라크와 시리아의 기독교인의 재산을 환수할 때에 대문이나 담벼락에 '나사렛'을 표시한다. 지금도 이 지역에서 그리스도인은 나사렛인으로 인식되고 있다는 증거이다.

나사렛은 초기 그리스도인들에게는 하나의 사회적 낙인이었다. "나사렛에서 무슨 선한 것이 나겠느냐?"는 표현은 당시 유대교에서 예수의 추종자들을 어떻게 판단하고 있는지를 나타내며 사회적으로 낙인을 찍는 일종의 표어이다. 하나님의 아들의 성육신, 예수의 십자가 죽음과 나사렛은 그리스 로마 사회에서 복음이 전파되는 데 사실상 중요한 걸림돌이었다. 초기 기독교는 유대교나 그리스 로마 종교들과 비교해 볼 때에 성전과 같은 기념비적인 건축물이나 상징적인 형상도 없었다. 로마제국의 후견을 받지도 못했다. 다른 종교와 비교해 볼 때에 기독교는 개종자들을 끌어들일 만한 사회적인 매력이 전혀 없었다. 나사렛에 대한 부정적인 이미지가 지배적인 1세기 유대교에서 예수 운동은 오히려 '나사렛'을 긍정적으로 평가를 받는 이미지로 변화시켰다.

예수는 자신의 호칭으로 나사렛을 사용하였다. 예수의 자기 호칭은 '메시아'그리스도, '하나님의 아들', '주'와 같은 후기 기독교의 기독론적인 호칭이 아닌 '나사렛'이다. 예수의 자기 이해에는 자신이 '가지'라는 자의식이 강하게 자리를 잡고 있었기에, '가지'의 존재를 자기 호칭으로 삼는 데 아무런 거부감이 없었다.

나사렛 예수는 나사렛 출신 예수가 아니라 가지로서의 나사렛 예수이다. 다윗은 이새의 가문에서 하찮은 존재였음에도 불구하고 이스라엘의 왕이 되었다. 이새의 뿌리에서 난 가지와 같은 존재였다. 마찬가지로 예수도 다윗 왕족의 혈통을 이어받은 것이 아니라 비왕족의 혈통을 이어받아서 일종의 가지로서 메시아이다.

예수의 친족들은 비록 사회적 신분이 천하였지만, 구약

예언자들의 '가지'나사렛 사상을 자신들을 위한 예언으로 발전시켜서, 하찮은 존재감을 오히려 소중한 존재의식으로 변화시켰다. 누가 족보의 '가지' 메시아 사상을 자신들의 가문의 유산으로 생각하고 보존하고 발전시켰고, 에녹의 묵시 사상과 다윗적인 메시아 사상을 결합시켜서, 예수는 다윗과 에녹보다도 위대하신 분으로서, 단순히 예루살렘을 중심으로 한 다윗 왕조의 회복이 아닌 온 우주의 회복의 중심이고 주체임을 밝히고 있다.

　예수의 제자들은 자신들의 사회적 신원을 '나사렛인'으로 표명하였다. 마태복음 2장 23절에서 마태가 메시아가 나사렛 사람이 된다는 구약 예언들을 복합적으로 인용한 것은 당시 팔레스타인 유대 기독교의 사회적 신원을 반영한 해석적 표현이다. '나사렛'은 분명히 그 사회에서 낙인이다. 그런데 왜 예수는 나사렛 예수라고 자신의 칭호로 사용하였으며, 예수의 추종자들도 나사렛 예수의 이름을 당당히 천명하였고, 또한 예수 이후의 그 제자들과 친족들은 나사렛을 복음 선교의 기지로 사용하였는가?

　사회 심리학의 한 분과인 사회적 신원 이론은 우리의 논의에 도움이 된다. 필립 에슬러Philip Esler는 사회적 신원 이론을 신약에 적용하면서, 집단 중심의 사회적 신원을 견지하는 지중해 사회에서 집단 간의 갈등과 비교 속에서 한 집단이 자신의 사회적 신원을 어떻게 유지하는지를 갈라디아의 유대인과 그리스도인들 사이에 적용하고 있다. 집단 간의 비교에 직면하여, 사회적으로 열등한 집단은 사회적 이동을 통해 다른 집단으로 수평이동하거나, 사회적 변화를 시도한다.

한 집단은 다른 집단과 비교하여 자신들이 불리하거나 열등한 입장에 처하면 사회적 창의성을 통하여, 자신의 불리한 점을 장점으로 천명하는 경향이 있다고 본다[Esler 1998: 40–57]. 대표적인 경우가 흑인들이 사회적 낙인이 찍힌 자신들의 피부를 "Black is beautiful!"이라고 하여 긍정적으로 천명한다. 또한 경제학자 슈마허는 거시 경제학에 의해 움직이는 사회를 작은 경제학의 입장에서 이해하면서 '크면 좋은가?'라는 질문을 던지고 《작은 것이 아름답다》[Small is Beautiful]를 저술하였다.

인간은 자신의 운명을 개척하여 간다. 예수와 그의 추종자들은 나사렛을 적극적이고 주도면밀하게, 긍정적인 의미를 부여하여 그 가치를 부여하고 활용하였다.

나사렛은 로마제국으로 대변되는 힘의 세계의 철저한 주변부이다. 예루살렘 성전으로 대변되는 유대교에서도 나사렛은 주변부이다. 갈릴리에서도 나사렛은 주변부이다. 이 나사렛에서 예수는 예루살렘뿐 아니라 로마의 중심부를 향한 변혁의 메시지를 선언한다. 그 변혁은 정치·경제·사회적 혁명이나 군사적 전투가 아닌 하나님 나라의 '가치 혁명'을 통해서이다. 나사렛 선언은 예수의 메시아적인 신원과 사역에 대한 메니페스토이다.

하나님 나라는 누룩과 겨자씨와 같이 세상을 변혁시킨다. 그 변혁의 출발점은 나사렛이다. 나사렛이 가진 지리적·사회적·종교적인 변방에 위치한 자리는 그다음에 등장하는 모든 메시아 운동의 모델이 된다. 또한 새로운 사회를 향한 변혁의 원동력과 역동성의 상징이 된다. 기존의 체제가 결국 생명력을 잃을 때에, 원래의 둥치는 잘려지고 그루터기가 남는다. 그 그루터기가 생명력을 가지고 있으면 뿌리에서 새로운 싹이 나고, 가지가 돋는다. 하나님 나라의 비전은 바로 이 '가지'인 나사렛에서 찾을 수 있다.

나가며 ______

나사렛 운동을
위한 제언

나사렛 운동은 소그룹을 통한 하나님 나라 복음이 살아 숨 쉴 수 있는 생태계의 복원 운동이다. 경쟁을 통해 승자와 패자를 만드는 적자생존의 생태계가 아닌, 치유와 평화를 이루는 공존의 생태계를 어떻게 이룰 것인가? 나사렛, 즉 가지와 싹이 어떻게 숲을 이루게 할 것인가?

문제의식　　문제의식은 대안을 만든다. 개인이든 공동체든 처해 있는 현실에 대한 문제의식을 가질 때 비로소 창의적인 대안이 도출된다.

한국 교회 미래에 대한 문제의식은 다양하지만, 특히 중요한 사안이 있다. 하나, 다음 세대가 준비되지 않으면 다른 세대가 등장한다. 청소년, 청년들이 교회 공간에서 사라지고 있다. 둘, 통일 세대가 준비되지 않으면, 분단 세대가 통일을 주도하게 된다. 분단은 상처이고, 고통이며, 묶임이고, 맹목이다. 통일은 우리 민족에게 희년이다. 통일을 어떻게 맞이할 것인가? 셋, 개신교의 불편한 진실 중 가장 심각한 문제는 사역을 하지 않는, 할 수 없는 목회자들이다. 신학교를 확대하고 유지하기 위해 배출된 신학생들을 누가 책임질 것인가? 한국은 서바이벌 공화국이다. 목회 현실도 마찬가지이다. 교회의 빈익빈부익부 현상이 가중되고, 승자와 패자를 만들고, 패자를 배려하지 않는 현재 목회 생태계는 정글의 법칙이 지배하고 있다. 넷, 샛강이 마르고 있다. 이는 가뭄을 의미한다. 한국 교회 샛강 역할을 해왔던 개척 교회가 사라지고 있다. 개척 교회의 5년 이내 생존율이 3% 이하이다. 공존할 수 있는 길은 없을까? 지속 가능하고 건강하여 창의적인 작은 교회의 모델이 필요하다. 문제는 큰 교회가 되려고 하다가 포식자에게 희생되는 경우다. 작은 교회로서 자의식이 분명하고 가치관과 운영방식이 설득력이 있는 작은 교회의 모델이 필요하다. 다섯, 학원, 청소년, 해외 등 선교단체가 설 자리가 없어지고 있다. 한국 교회 부흥의 시기에 선교단체와 교회가 경쟁 관계를 이뤘다. 선교단체는 교회가 할 일을 잠식하고, 대형 교회는 선교단체가 하는 일을 자체적으로 운영함으로써 서로 경쟁 상대가 되었다. 선교단체는 교회를 만들고, 교회는 선교단체를 만들면서 각기 부르심의 목적을 망각하고 자신들의 몸집을 불리기에 급급했다. 그 결과는 참담하다. 함께 협력하며 전략적 동반자가 되어야 할 교회와 선교단체가 서먹한 관계가 되었다. 선교단체의 전투력과 돌파력을 상실한 교회는 복음 전파의 최전선을 잃어버렸다. 교회의 후원과 보호를 상실한 선교단체는 안정감과 전투력을 상실하고 생존모드에 돌입했다. 다시 공생 관계를 복원할 수 없을까?

의식 공유　신앙생활에 독불장군은 없고, 자수성가도 없다. 공유하지 못하는 문제의식은 독선이다. 오히려 독이 되어 다른 이에게 상처를 주고 또한 자기를 파멸시킨다. 공감이 없는 공유는 없다. 공유가 되어야 공명을 일으키어 상호 간에 영향을 주어 동업을 하게 된다. 문제의식이 객관적이고 냉철하며, 가치관이 분명하고 비전이 뚜렷한 사람은 감정의 공감대를 형성하며, 연합과 일치를 이루어 낼 수 있다.

의식 공유가 같은 사상, 같은 신분, 같은 수준으로만 이뤄지면 아름답지 않다. 다양성이 없는 공동체는 획일화의 위험에 빠진다. 다름은 틀림이 아니다. 갖가지 색깔이 아우러져서 무지개를 만든다. 다양성을 포용하는 공동체가 건강한 공동체이다. 획일은 창의성이 없고, 자기 생각 속에 갇혀서 굳어지기 십상이다. 포스트모던 시대에 의식을 공유하기란 쉽지 않다. 나사렛 예수도 뜻을 함께하는 사람들을 얻기가 쉽지 않았다. 그들이 십자가라는 고난의 시기에 배반하고 자포자기하였지만, 나사렛 예수가 내팽개치지는 않았다. 끝까지 기다렸다. 그리고 실패와 좌절에 휩싸인 그들을 찾아가서 회복시키고, 십자가의 관점에서 다시 소명을 불러일으키고 그들에게 사명을 위임하셨다.

　　뜻을 함께할 사람을 찾는 것은 쉽지 않다. 그러나 찾은 사람을 끝까지 품는 것은 더 쉽지 않다. 실패한 자들에게 다시 기회를 주는 것은 더욱 어렵다. 그러나 나사렛 예수는 하나님 나라의 숲을 가꾸기 위해 제자들을 끝까지 책임지고, 그들에게 사명을 위임하였다. 이 공유의 과정에는 공동체가 필요하다. 이익 공동체가 아닌 생활을 함께하는 가족 공동체가 필요하다. 이것이 교회이다. 공동체는 '나'가 아닌 '우리' 의식과 감정과 가치가 있다. 공동체가 없는 사람은 어떤 일도 할 수 없다.

　　비교　　비교한다는 것은 가치관이 분명하다는 증거이다. 종교 다원주의는 절대 가치를 상실한 세대에게는 위협이지만, 그 가치를 가진 자에게는 오히려 기회이다. 비교는 결국 열등과 우월을 가리는 과정이다. 열등한 집단은 우월한 집단에게 억압을 당하고 수탈을 당하기만 하는가? 그렇지 않다. 열등감에 상처를 입는 집단은 사회적 이동이라는 방법을 통해 탈당을 한다. 하지만 열등한 집단은 사회적 변화를 시도한다.

　　작은 교회를 생각해 보자. 인적 자원이나 프로그램, 물리적 환경이 모두 다 대형 교회에 비해 열등하다. 대형 교회의 먹이가 되지 않고 존립할 가능성은 '작은 교회 자체의 사회적 정체성이 얼마나 확립되어 있는가?'에 달려 있다. '나사렛까지에서 선한 것이 날 수 있겠는가?' 예수의 응답은 "큰 것이 좋은가? 작은 것이 아름답다!"눅 12:32이다. 경쟁 사회에 패배자로서의 작은 교회 또는 불가피한 작은 교회가 아닌 의도적인 작은 교회가 되어야 한다. 나사렛 예수는 의도적인 소그룹 운동으로 나사렛 운동을 펼쳤다.

자신들의 가치를 긍정적으로 확립하면 다른 어떤 집단과도 비교가 가능하다. 문제는 긍정적으로 평가를 받는 사회적 가치, 즉 가치 혁명을 일으킬 수 있는가에 달려 있다. 가치가 분명하지 않은 집단은 아무리 커도 무가치하고 오히려 문젯거리가 된다. 그러나 가치가 분명한 창의적인 소수는 그 사회의 지배 의견에 대하여 소수의견을 내고, 그 사회와 환경을 변화시킬 수 있다.

선포와 비전 실행 핵심 가치와 비전과 운용방식이 설득력이 있고, 다른 집단과 비교를 통해 긍정적인 평가를 가지는 대안이 된다면, 뜻을 나눈 사람들과 함께 선포한다. 나사렛 선언과 같이 핵심 가치와 비전을 선포한다. 그리고 그에 걸맞게 운용방식을 정하고 시행한다. 작은 교회가 가치와 비전을 함께 공유하고, 건전하고 합리적이고 설득력이 있는 운용방식으로 사역하기로 선언하고 함께 연합을 한다면 숲을 이룰 수 있다. 숲은 생태계를 만들어 간다. 그 숲에 사람과 동식물이 살 수 있다. 나사렛 정신을 가지고 작은 교회 네트워크 사역을 하게 되면, 그 사역은 생존을 위한 몸부림이 아니라 부흥을 위한 춤을 추게 될 것이다.

나사렛 정신을 가진 작은 교회의 가치 하나, 나사렛 정신을 가진 작은 교회는 '의도적인 작은 교회'이다. 역사적으로 남미의 바닥 공동체the Basic Christian Community, 아프리카의 작은 공동체the Small Christian Community, 미국의 의도적 기독교 공동체the Intentional Christian Community가 풀뿌리 운동으로 누룩과 같은 역할을 해왔다. 비록 신학적 입장에서는 다르지만 풀뿌리 운동의 모체로서 사회 변혁에 역동적인 역할을 하였다Lee & Cowan 1986. 그러나 의도적인 작은 교회는 작은 교회 운동으로서 교회의 생태계 회복에 우선적인 관심을 가진다. 이 교회는 숫자, 예산, 프로그램, 사역의 규모를 키우지 않으려고 작정한 교회이다. 크면 자발적으로 흩어지고 쪼개는 교회이다. 성장 위주의 목회 프로그램을 추구하지 않는다. 수평이동을 조장하는 프로그램을 만들지 않는다. 교회 자체가 사회적 위상이나 영향력을 행사하지 않으려는 교회이다. 성공을 추구하지 않고, 주변 환경과 공동체에 적합성을 유지하는 교회로서, 겨자씨와 누룩이 되기로 작정하는 교회이다.

둘, 의도적인 작은 교회는 물리적으로 작은 교회이다. 사회학적으로 공동체의 사회적 교류 양식은 네 가지로 나눌 수 있다Malina 2001: 76-91. 첫째는 얼굴을 마주 대하는 공동체face-to-face community이다. 가장의 보호 아래 얼굴과 얼굴을 마주 대하여 교류하며 권위의 행사가 직접적인 접촉을 통해 이뤄진다. 둘째는 호의 의존 공동체face-to-grace community로서 전형적인 지중해 사회의 교류 형태로, 후견인-예속인 관계 속에 중개인을 통해 권위가 행사된다. 셋째는 권위 위주의 공동체face-to-mace community로 중세 유럽과 같이 봉건 체제를 가진 공동체로서 교황의 권위와 사제, 봉건 영주와 기사의 관계 속에서 권위가 행사된다. 넷째는 민주 사회face-to-space community로서 민주 사회에서 선출된 공직자를 통해 교류가 이뤄지는 공동체이다.

작은 교회는 물리적인 조건이 작다. 어떤 교회가 작은 교회인가? 크지 않은 교회라는 말이다. 크지 않다는 말은 분량이 넘치지 않는 교회이다. 한 목자에게 있어서 분량이 넘치는 숫자, 건물의 크기, 프로그램, 재정이나 사역을 가지지 않는 교회이다. 목회자의 역량에 넘치는 목양의 범위를 넓히지 않는 목회가 이뤄지는 교회이다. 이 교회는 '가족'의 범위를 넘어서지 않는 교회이다. 가족은 얼굴과 얼굴을 마주 대하는 공동체이다. 전통적으로 얼굴을 마주 대하는 공동체는 고대 종교사의 한 단위이다 Peter Brown 1978: 3. 즉 대면 공동체로서 작은 교회는 교인이 목회자를 아는 것이 아니라, 목회자가 교인을, 교인과 교인이 서로를 다 알고 대화가 가능한 교회이다. 목회자가 이름도 모르고 친숙한 대화를 해보지도 못한 신자가 없는 교회이다. 의사소통이나 재물의 사용이나 교환 그리고 권위를 행사하는 수단이나 수준이 가족임을 전제로 하는 교회이다. 부모 세대와 자녀 세대가 함께 식사하고 의사소통이 가능하고 보호와 양육이 이뤄지는 교회이다.

예수님은 열두 제자와 함께 생활하면서 훈련을 시키셨고, 70명의 전도대를 파송시키셨다. 바울은 많은 교회를 개척하였지만, 가장 큰 교회는 100명을 넘지 않는 고린도교회였고 그나마 네 개의 가정 교회로 나눠져서 모였다. 그 범위를 넘어서는 교회는 신약 교회의 범위를 넘어서는 교회이다.

많은 신약학자들과 목회자들이 예수의 메시지가 적합하게 적용될 수 있는 물리적인 조건들을 고려하고 성경 해석을 하는데, 해석학적 가현설의 오류에 빠져 있다. 성경은 전인적인 메시지이다. 영혼이나 생각만이 아닌 감정과 육체적인 영역이 함께 작용하여 이해되고 적용이 가능하다. 예수의 말씀은 철저하게 가족의 범위 내에서 실천 가능한 메시지이다.

셋, 의도적 작은 교회는 건축을 추구하지 않는다. 작은 교회는 몸집이 작아서 유지비용이 적다. 예수는 건축하지 않았다. 바울도 건축하지 않았다. 신약에는 건축을 위한 어떤 메시지도 없다. 건축을 하지 않는다는 말은 교회가 언제든지 이동이 가능하고, 재정을 소유에 사용하지 않으며, 건축에의 공헌도에 따라 발언권이나 신분과 지위가 보장되는 역효과를 차단한다는 의미이다. 또한 건물이나 시설이나 장비와 같은 물질적인 소유에 의해 교회의 본질이 훼손되거나 권위의 구조가 왜곡되지 않는다. 건물을 확보하고 유지하기 위해 지출되는 비용을 줄이면, 선교와 구제와 장학과 같은 복음을 위한 일을 위해 더 많이 집중할 수 있다.

교회가 건물을 소유하는 것을 비판하는 것은 아니다. 헌신적인 신자에 의해 공간이 확보되는 것은 은혜이다. 하지만 건물에 의해 교회가 지배를 당하지 않아야 한다. 유지, 보수, 확장으로 인해 교회의 본질적인 사역을 가로막는다면 교회 건축이나 건물 소유는 잘못된 방향으로 흐른다.

성전의 원형이 되는 성막은 크지 않고 언제나 하나님과 함께 움직일 수 있는 장막tent이다. 당시 근동 지역의 신전은 모두 다 크고 화려하고 웅장하였다. 이는 바벨탑과 바알 신앙이 추구하는 이상이다. 웅대한 신전을 짓는 자들은 그 신이 아닌 자신의 이름을 높이고 남기기 위해 토목과 건축 프로젝트를 시행한다. 원래 솔로몬이나 스룹바벨의 성전의 규모는 크지 않다. 성전 전체 공간은 45미터×150미터로 축구장보다 조금 작은 넓이이다. 이 공간에 이스라엘의 뜰과 제사장의 뜰 그리고 성소가 포함되어 있는 소박한 건축물이었다. 하지만 정통성이 없는 헤롯 대왕은 로마에 대한 충성과 유대 민족에 대한 자신의 권위를 표현하기 위해 엄청난 건축, 토목 프로젝트를 감행하였다. 대체로 전제적인 군주는 독재적인 통치권을 확립하기 위해 대규모 건축 공사를 시행한다. 그중에 핵심적인 부분이 성전의 재건축과 확장이다. 헤롯의 주도 아래 조성된 성전 공간은 전체 4면 벽을 따라 남쪽 281미터, 서쪽 488미터, 북쪽 315미터, 동쪽 466미터이다. 특히 헤롯은 대대적인 건축 프로젝트로 이른바 로빈슨 아치, 윌슨 아치, 솔로몬 행각, 왕의 회랑과 안토니아 성채 등을 첨가하여 상업과 행정 기능 그리고 이방인의 뜰을 부가하였다. 이는 헤롯이 당시 근동의 이방 신전과 같은 위엄과 웅장함과 화려함을 나타내고 자신은 그 성전을 건설한 영웅과 같은 왕임을 과시하려 한 것이다.

신약 시대에 교회는 집이다. 교회에 따라 다양한 가정 공간에서 모였다. 특히 드로아의 교회^{행 20:7-12}는 상가 건물에 위치한 공간이다. 역사상 가장 오랜 교회의 고고학적 유물은 주후 250년 티그리스 강변의 두라-유로포스라는 로마 수비대의 주둔지에서 발견된 집을 개조한 건물이다. 콘스탄티누스 대제 이후에 교회는 로마의 공회당인 바실리카 건물을 사용하였고, 그 형태는 이후 교회 건축의 이상처럼 모델이 되어 왔지만, 사실은 기독교적 지배와 승리의 상징을 표현한다. 이러한 건축 경향은 예수의 메시지와는 어울리지 않는다.

넷, 의도적인 작은 교회는 그리스도가 교회의 머리이며 신자는 그의 몸으로서 가족 공동체이다. 비록 집에 모이지는 않아도, 하나님의 가족이라는 교회의 본질을 구현한다. 그리스도의 몸으로서 교회를 정의하는 것은 몇 가지 추론적인 의미가 있다.

먼저, 교회는 하나님이 주인이고 그리스도가 그 머리가 되며, 신자는 그 지체이다. 하나님 외에는 그 누구도 주인이 될 수 없다. 교인은 주인의식을 가지되, 청지기로서 주인처럼 일은 하되 주인 행세는 하지 않는다. 하나님이 교인들에게 교회 공간과 재물과 인적인 재능과 자원을 위탁하여 주셨으므로, 하나님 나라를 위해 사용되어야 하고, 교인은 청지기로서 신실하게 관리를 하여야 한다. 교인 중에 그 누구도 주인 노릇해서는 안 된다. 교회는 주인 의식을 가진 사람들이 아니라 청지기 의식을 가진 사람들이 운영을 해야 한다. 주인 노릇은 주인이 되신 예수님만이 하시고, 교인들은 청지기 노릇해야 한다. 주인 의식을 가지되 주인 노릇을 하면 안 된다. 종의 의식을 가지되 노예근성이 아닌 주인 의식을 가지고 섬겨야 한다.

두 번째로, 교회가 하나님의 가족이라는 개념은 교인들을 가족처럼 대한다는 것이다. 가족의 범위를 넘어서면 교회는 조직이 된다. 조직이 되면 위계질서가 생기고 권위구조가 공식적인 기구를 통해 이뤄진다. 이는 사람이 모이기 때문에 주도권 행사를 위해 정치가 생기고, 정치가 있으면 여야라는 대립구조가 생긴다.

셋째로, 가족적인 교회는 의사소통과 친밀도가 높다. 소통되지 않으면 고통이 온다. 의사소통이 자연스럽지 못하고 공식적인 수준이 되면, 가족의 언어가 아닌 설득과 조종의 언어로 교제가 이뤄진다. 친밀함이 없는 공동체는 가족이 아니다. 공식적인 의사 전달이 있으면, 친밀도 아닌 효율이 지배하게 된다. 작은 교회는 의사소통 구조가 단순하고 조직적이거나 공식적이지 않고 가족처럼 직접적이다. 그리고 대부분의 사람이 의사결정에 참여할 수 있다.

넷째로, 가족적인 교회의 교육은 분화되지 않는다. 분화된 교육 체계는 세대 간의 단절을 가져오고, 부서 간의 경쟁의식이 생기고, 집단 이기주의로 인해 상처를 받거나, 성과를 내는 통로로 교육기관이 이용될 수 있다. 교회는 이익집단이 아니다. 의도적인 작은 교회는 세대 통합의 교육이 생긴다. 아비 세대가 자녀 세대에게 신앙의 유산을 물려주고 축복하며, 자녀 세대는 아비 세대를 본받고 존경하며, 청년 세대는 그 중간 역할을 하며 신앙 교육이 이뤄진다. 이는 성경적인 교육 방법이요 유대인들의 교육이다. 세대 통합이 되지 않고 분화된 교육은 경쟁과 성과 위주의 교육으로 변질된다. 그래서 교육은 통제나 규격이 아닌 사랑과 격려로 이뤄지고, 삶의 현장 교육이 가능하다.

다섯, 의도적 작은 교회는 섬김에 있어서 은사에 따라, 소명에 따라 모든 교인이 참여하고 헌신할 수 있어서, 80/20법칙 _{80%의 효과는 20%의 노력으로 얻어진다}이 적용되지 않는다. 작은 교회는 모든 영역에 걸쳐서 사역을 하지 않고, 은사와 소명에 따라 몇 가지에 집중할 수 있다. 봉사로 인해 바쁘거나 피곤하지 않고, 노동을 가족처럼 분담하여 서로의 짐을 질 수 있다.

여섯, 의도적 작은 교회는 복잡하지 않고 단순하며, 최상이 아닌 최적을 추구한다. 따라서 예배와 교육과 봉사에 있어서 최고의 결과를 낳으려고 하지 않는다. 가족의 편안함이 있는 교회이다. 그래서 자발적인 불편을 감수하는 교회이다. 종교적인 형식에 얽매이지 않고, 신앙의 자유함이 모든 영역에 자연스럽게 드러난다. 의식보다는 관계를 더 중요하게 생각한다. 목회자의 메시지는 가족의 형편과 상황을 어느 정도까지는 알기에, 눈높이를 맞출 수 있어서, 사변적이거나 궤변적이지 않고 실질적이다. 성찬과 세례가 의식이나 예식이 아닌 가족의 축제가 된다.

일곱, 의도적 작은 교회는 성경의 말씀을 진리로 실험할 수 있는 현장이다. 하나님이 공급하신만큼 운영하고 사용한다. 일용한 양식의 원칙을 적용한다. 자발적인 헌금과 후원으로 유지하되, 구걸하거나 요청을 하지 않는다. 비본질적인 요소들을 가능한 한 제거하고 본질에 충실할 수 있다. 예배와 섬김과 복음 전도와 구제에 역량을 집중하고, 품위 유지를 위한 부분에 은사나 재정을 투입하지 않는다. 직분이나 소유권으로 인해 갈등을 빚을 필요가 없다. 직분은 모든 지체들의 인정과 존경으로 추대되는 것이지, 경쟁을 통해 선출되지 않는다. 의도적인 작은 교회는 의도적으로 불편함을 추구하기에, 어느 정도 규모가 크면 자발적으로 분립하여, 나사렛의 뜻과 마인드를 공유하는 교회로서 네트워크 사역을 할 수 있다.

여덟, 의도적 작은 교회는 네트워크 사역에 적합하다. 각 교회마다 은사나 사역의 특수성을 인정하고, 공간이나 인적 자원을 중복 투자하지 않고, 서로 협력하여 집중적인 프로젝트를 진행할 수 있다. '끼리끼리' 의식보다는 '서로서로' 의식으로 서로를 보완하면서 때로는 서로의 짐을 나눠 지면서 함께 숲을 가꿔 가면서, 하나님 나라의 생태계를 회복하는 비전을 이뤄 간다. 경쟁과 생존이 아닌 공존과 협력과 배려의 숲을 이뤄 가는 나사렛 네트워크 사역을 통해 하나님 나라가 이 땅에 임하기를 기대할 수 있다.

부록 ______

나사렛 정신을 위한
점검표

01	우리 교회는 생존의 생태계인가 공존의 생태계인가?	☐
02	우리 교회는 공동체성이 건강한가 황폐해지고 있는가?	☐
03	우리 교회는 추구하는 모델이 나사렛인가 예루살렘 또는 로마인가?	☐
04	우리 교회는 가지, 뿌리, 싹과 같은 대안이 있는가 베임을 당한 숲인가?	☐
05	우리 교회는 천연기념물과 같은 나무가 되는 그림을 그리고 있는가 평화와 공존의 숲을 이루는 그림을 그리고 있는가?	☐
06	우리 교회는 복음 전파의 초점이 가난한 자인가 부자인가?	☐
07	우리 교회는 마음이 상한 자를 치유하는가 상처를 주는가?	☐
08	우리 교회는 억눌린 자를 자유하게 하는가 억누르고 있는가?	☐
09	우리 교회는 갇힌 자를 해방시키고 있는가 가두고 있는가?	☐
10	우리 교회는 보지 못한 자를 보게 하는가 아니면 보지 못하게 하는가?	☐
11	우리 교회는 희년을 선포하는가 희년의 장애물인가?	☐
12	우리 교회는 은혜를 기다리는가 보복의 날을 기다리는가?	☐
13	우리 교회는 하나님이 주인인가 사람이 주인인가?	☐
14	우리 교회는 겨자씨의 생명력이 있는가 열매 없는 무화과나무인가?	☐
15	우리 교회는 누룩의 변혁력이 있는가 부풀어 썩고 있는 빵인가?	☐

16	우리 교회는 가치 혁명을 할 수 있는가 가치 변질이 되어 있는가?	☐
17	우리 교회는 십자가를 지고 있는가 면류관을 쓰려고 하는가?	☐
18	우리 교회는 강도를 만난 자에게 선한 사마리아인인가	
	회피하는 종교인인가?	☐
19	우리 교회는 성전인가 가정인가?	☐
20	우리 교회는 가족 공동체인가 이익 공동체인가?	☐
21	우리 교회는 가족 공동체인가 조직 공동체인가?	☐
22	우리 교회는 후견인인가 브로커인가?	☐
23	우리 교회는 소그룹의 역동성을 가지고 있는가 대형화를 추구하는가?	☐
24	우리 교회는 권리포기를 하는가 신분상승을 추구하는가?	☐
25	우리 교회는 자발적 불편함을 감수하는가 안일과 편리함을 추구하는가?	☐
26	우리 교회는 다름을 이해하고 다양성이 있는가	
	획일을 추구하고 차별을 하는가?	☐
27	우리 교회는 나눔 공동체인가 축적과 포식의 공동체인가?	☐
28	우리 교회는 십자가의 복음을 전하는가 풍요와 행복의 복음을 전하는가?	☐
29	우리 교회는 상처 입은 치유자인가 의로운 재판관인가?	☐
30	우리 교회는 직분을 거룩한 부담으로 여기는가 감투로 여기는가?	☐
31	우리 교회는 '작은 것이 아름답다'라고 하는가 '크면 좋다'라고 하는가?	☐

참고 문헌

Arnim, Johannes von *Stoicorum Veterum Fragmenta* I, Leipzig: Teubner, 1905; reprint ed., 1938: 61–62, no 264.

Avi-Yonah, M., 'A List of Priestly Courses from Caesarea', IEJ 12, 1962: 137–9.

Avi-Yonah, M., 'The Caesarea Inscription of the Twenty-Four Priestly Courses' in *The Teacher's Yoke*, (ed.) E. J. Vardaman & J. L. Garrett, Waco, 1964: 46–57.

Bagatti, Bellarmino *Excavations in Nazareth, Vol.1: from the Beginning till the XII century*, (Jerusalem Publications of the Studium Biblicum Franciscanum no. 17.) Jerusalem: Franciscan Printing Press 1969.

Balz, Horst. (ed.) *Exegetical Dictionary of the New Testament*, 3 vols. Grand Rapids: Eerdmans, 1990.

Bauckham, R., *Jude, 2 Peter*, WBC 50, Waco, Texas: Word Press, 1983.

Bauckham, R., *Jude and the Relatives of Jesus in the Early Church*, Edinburgh: T. &. T. Clark, 1990.

Bauckham, R., *The Climax of Prophecy: Studies on the Book of Revelation*, Edinburgh: T. & T Clark, 1993.

Bauckham, R., "The Messianic Interpretation of Isaiah 10:34" in *The Jewish World Around the New Testament*, Tubingen: Mohr & Siebeck, 2010: 193–205.

Beale, G. K., "The Hearing Formula and the Visions of John in Revelation" in Markus Bockmuehl & M. B. Thompson (eds.) *A Vision for Church: Studies in Early Christian Ecclesiology*, Edinburgh: T.& T Clark. 1997: 167–180.

Berger, Peter., & T. Luckmann, *The Social Construction of Reality: A Treatise in the Sociology of Knowledge*, Garden City, N. Y.: Doubleday, 1967.

Berger. Peter L. *The Social Reality of Religion*, London: Faber, 1969.

Billerbeck Paul. & Hermann Strack, *Kommentar zum Neuen Testament aus Talmud und Midrasch: DJ. Das Evangelium nach Markus, Lukas und Johannes und die Apostelgeschichte*, I–III, München: Beck, 1924.

Binder, Donald D. *Into the Temple Courts: The Place of the Synagogues in the Second Temple Period*. Atlanta: The Society of Biblical Literature, 1999.

Blinzler, J., "Die Heimat Jesu. Zu einer neuen Hypothese", BK 25, 1970: 14–20.

Brandon, S. G. F. *The fall of Jerusalem and the Christian Church: A Study of the Effects of the Jewish Overthrow of A. D. 70 on Christianity* London: S.P.C.K, 1951

Broshi, Magen., "The Role of the Temple in the Herodian Economy", JJS 38. 1987: 31–37.

Bullinger, Ethelbert William, "Physician, heal thine own lameness" *Figures of Speech Used in the Bible*, London/ New York: Eyre & Spottiswoode; E. & J. B. Young & Co., 1898.

Charlesworth J. H. (ed.), *The Messiah: Developments in Earliest Judaism and Christianity*, Minneapolis: Fortress, 1992.

Cohen. R. L., *The Shape of Sacred Space: Four Biblical studies*. Chico: Scholars Press. 1981

Cohen, Shaye J. D., "The Temple and the Synagogue," in *The Temple in Antiquity: Ancient Records and Modern Perspectives*, ed. Truman G. Madsen (Provo, UT: Religious Studies Center, Brigham Young University, 1984), 151–74.

Craig, P. C. *Psalms* 1–50, WBC 19, Texas, Waco: Word, 1983.

Crossan, John Dominic *The Historical Jesus: The Life of a Mediterranean Jewish Peasant*, San Francisco: HarperCollins, 1992.

Davies, W. D. & D. C. Allison, *A Critical and Exegeical Commentary on the Gospel According to Saint Matthew* I, ICC. Edinburgh: T & T Clark, 1988.

de. Ste. Croix, G. E. M. *The Class Struggle in the Ancient Greek World*. Ithaca, NY: Cornell University Press. 1981.

Ehrhardt, Arnold. *The Acts of the Apostles: Ten Lectures*, Manchester: Manchester University Press., 1969.

Elliott, J. H. *What is Social–Scientific Criticism?* Minneapolis: Fortress, 1993.

Eppstein, Victor, *The Historicity of the Gospel Account of the Cleansing of the Temple*. Berlin: A. Tö pelmann, 1964.

Esler, P. F., *Community and Gospel in Luke–Acts: the Political Motivations of Lucan Theology*, Cambridge: Cambridge University Press, 1987.

Esler P. F. (ed.), *Modelling Early Christianity: Social–Scientific Studies of the New Testament in its Context*, London: Routledge, 1995.

Esler, Philip F. *Galatians*, London: Routledge, 1998.

Green, Joel B. & Scot McKnight (eds.), *Dictionary of Jesus and the Gospels*, Downers Grove, Ill: InterVarsity Press, 1992.

Green, Joel B. *The Gospel of Luke*, NICNT, Grand Rapids: Eerdmans. 1997:216–218.

Guelich, Robert A. *Mark* 1.1–8.26 (WBC 34A), Waco: Word, 1989.

de Jonge, H. J. "Sonship, Wisdom, Infancy: Luke 2.41–51a", NTS 24, 1977–78: 322–23.

France, R. T. "Servant of Yahweh" in DJG, 1992: 745.

Freyne, Sean., *Galilee, Jesus, and the Gospels: Literary Approaches and Historical Investigations*, Philadelphia: Fortress Press 1988.

Freyne, Sean "The Galilean World of Jesus" in *The Early Christian World I*, Philip F. Esler (ed), London: Routledge, 2000: 126.

Freyne Sean *Jesus, a Jewish Galilean: A New Reading of the Jesus Story*, Edinburgh: T & T Clark, 2004.

Freyne, Sean., "The Galilean world of Jesus" in *The Early Christian World I* (ed. P. F. Esler), London: Routledge, 2000.

Fitzmyer, J.A., *The Gospel According to Luke*, (AB 28, 28A, Garden City: Doubleday, 1981, 1985.

Ford, J. M., *My Enemy Is My Guest: Jesus and Violence in Luke*, Maryknoll, N.Y.: Orbis, 1985.

Judah Goldin (trans.) *Fathers According to Rabbi Nathan*, New Haven: Yale University, 1955.

Gundry, Robert H. *Mark: A Commentary on His Apology for the Cross*, Grand Rapids: Eerdmans, 1993.

Hanson, K. C. & D. E. Oakman, *Palestine in the Time of Jesus: Social Structures and Social Conflicts*, Minneapolis: Fortress, 1998.

Hengel, M., "Literary, Theological, and Historical Problems in the Gospel of Mark" in *The Gospel and Gospels* (ed.) Peter Stuhlmacher, Grand Rapids: Eerdmans, 1991: 211–217.

Meyer, Ben F. *The Aims of Jesus*, London: SPCK, 1979.

Hirsch, E. D. Jr., Joseph F. Kett and James Trefil, ed. "Physician, heal thyself". *The New Dictionary of Cultural Literacy*. Boston: Houghton Mifflin, 2002.

Hobsbawm, Eric, *Primitive Rebels: Studies in Archaic Forms of Social Movement in the 19th and 20th Centuries*, Manchester: University Press, 1959.

Hobsbawm, Eric, *Bandits*, London: Liedenfeld and Nicholson, 1969.

Holladay, W. L., *Jeremiah I: A Commentary on the Book of the Prophet Jeremiah Chapter 1–25*, Hermeneia, Philadelphia: Fortress, 1986.

Holmberg, B., *Paul and Power: the Structure of Authority in the Primitive Churches as Reflected in the Pauline Epistles*, Philadelphia: Fortress, 1980.

Hopkins, Ian W. J. "The City Region in Roman Palestine." PEQ 12, 1980: 19–32.

Horsley Richard A. & John S. Hanson, *Bandits, Prophets, and Messiahs: Popular Movements at the Time of Jesus*, Minneapolis: Winston, 1985.

Horsley, Richard A. *Galilee: History, Politics, People*. London: Continuum, 1995.

Horsley, Richard A. *Jesus and the Spiral of Violence: Popular Jewish resistance in Roman Palestine*, San Francisco: Harper & Row. 1987

Jeremias, J., *New Testament Theology*, trans. J. Bowden, New York: Charles Scribner's Sons, 1971.

Lacey. D. R. de "Οἵτινές ἐστε ὑμεῖς: the function of a metaphor in St Paul" in W. Horbury (ed.), *Temple Amicitiae. Essays on the second temple presented to Ernst Bammel*, 1991: 391 – .409. Sheffield: Sheffield Academic Press.

Lee, Bernard J. & Michael A. Cowan, *Dangerous Memories: House Churches and Our American Story*, Kansas: Sheed & Ward, 1986.

Longenecker, Richard H. (ed), *Into God's Presence: Prayer in the New Testament*, Grand Rapids: Eerdmans, 2001.

Lundquist, John M. *The Temple of Jerusalem : Past, Present, and Future*, Westport, Conn.: Praeger, 2008

McKane, W., *A Critical and Exegetical Commentary on Jeremiah*, vol. 1, ICC, Edinburgh: T. & T. Clark, 1986.

McVann, Mark., "Rituals of Status Transformation in Luke–Acts: The Case of Jesus the Prophet" in Neyrey 1991: 333–360.

Malina, B. J., *The New Testament World: Insights from Cultural Anthropology* (revised), Louisville: W/JK Press, 1993.

Mailna, B. J. & J. H. Neyrey, "Honor and Shame in Luke–Acts: Pivotal Values of the Mediterranean World" in *The Social World of Luke–Acts: Models for Interpretation* (ed.) J. H. Neyrey, Peabody, Mass.: Hendrickson, 1991:97–122.

Malina, B. J., *The Social Gospel of Jesus: the Kingdom of God in Mediterranean Perspective*, Minneapolis: Fortress, 2001.

Marshall, H. I., *Commentary on Luke* (NIGNT), Grand Rapids: Eerdmans, 1978.

Martin, Ralph P. *Mark: Evangelist and Theologian*, London: Paternost, 1972.

Milik, J. T., *The Books of Enoch: Aramaic Fragments of Qumran Cave 4*, Oxford: Oxford University Press, 1976.

Miller, J. M. & Hayes, J. H., *A History of Ancient Israel and Judah*, London: SCM Press, 1986.

Moessner, David P., *Lord of the Banquet: The Literary and Theological Significance of the Lucan Travel Narrative*. Minneapolis: Fortress, 1989.

Moore. G. F., "Nazarene and Nazareth" in The Beginnings of Christianity vol. I: the Acts of the Apostles (eds.) F.J. Foakes Jackson and Kirsopp Lake, London: Macmillan, 1920: 426–32.

Neusner, J., *From Politics to Piety : the Emergence of Pharisaic Judaism*, Englewood Cliffs, N.J. : Prentice–Hall, 1973.

Nouwen, Henri J.M., *The Wounded Healer: Ministry in Contemporary Society*, London: Darton Longman and Todd, 1994 (1972).

Neyrey, J. (ed.), *The Social World of Luke–Acts: Models for Interpretation*, Peabody, Mass.: Hendrickson, 1991.

Nickelsburg, G. W. E., "Riches, the Rich, and the God's Judgement in 1 Enoch 92–105 and the Gospel according to Luke", NTS 25, 1979: 324–344.

Nolland, John., "Classical and Rabbinic Parallels to 'Physician, Heal Yourself'" (Lk. IV 23), NovT 21, 1979: 193–209.

Nolland, J., *Luke 1–9,20* (WBC 35A), Waco: Word, 1989.

Jung, Young–Sung, "From Temple to House–Churched in Luke–Acts" St. Andrews University, Ph. D. Dissertation, 2000.

Kaiser, Otto., *Isaiah 1–12*, OTL, trans. R. A. Wilson, London: SCM, 1972.

Kee, Howard Clark & Lynn H. Cohick (eds). *Evolution of the Synagogue: Problems and Progress*. Harrisburg, Penn.: Trinity. 1999.

Kee, Howard Clark, "The Transformation of the Synagogue after 70 C.E.: Its Import for Early Christianity." NTS 36: 1990: 1–24.

Kee, Howard Clark, "The Changing Meaning of Synagogue. A Response to Richard Oster." NTS 40, 1994: 281–283.

Kim, Seyoon, *The Son of Man As the Son of God*, Grand Rapids: Eerdmans, 1985.

Kautsky, John H., *The Politics of Aristocratic Empires*, Chapel Hill, N.C.: University of North Carolina Press, 1982.

Knibb, M. A., *The Ethiopic Book of Enoch*, vol 2, Oxford: Clarendon, 1978.

Lenski, Gerhard., *Power and Privilege: A Theory of Social Stratification*, 2d ed. Chapel Hill &

London: University of North Carolina Press, 1984.

Levenson. J. D. "The Temple and the World" The Journal of Religion 64(3) 1984:275 – .298.

Levine, Lee I. *The Ancient Synagogue: The First Thousand Years* Ann Haven: Yale University Press, 2000.

Oakman, Douglas E. "The Countryside in Luke–Acts" in *The Social World of Luke–Acts*. J. H. Neyrey (ed.) Peabody, Mass.: Hendrickson. 1991.

Olsson, B, and Zetterholm M (eds.). *The Ancient Synagogue: From its Origins Until 200 C. E.*, Papers Presented at an International Conference at Lund University, October 14–17, 2001. ConBNT 39. Stockholm: Almqvist & Wiksell 2003.

Pesch. R., *Das Markusevangelium* (HTKNT 2), Freiburg: Herder, 1984.

Pinsky, Mark I. *The Gospel According to the Simpsons, Bigger and Possibly Even Better!* Louisville, Ken.: W.J.K 2007.

Rad, G. von., *Wisdom in Israel*, Nashville: Abingdon; 1972.

René Salm, *The Myth of Nazareth*. Kevalin, 2007.

Robertson, A.T. *Word Pictures in the New Testament*, Oak Harbor: Logos Research Systems, 1997.

Rohrbaugh, Richard L., "The Pre–Industrial City in Luke–Acts: Urban Social Relations" in *The Social World of Luke–Acts*. J. H. Neyrey (ed.) Peabody, Mass.: Hendrickson. 1991.

Rohrbaugh, R. L., "Legitimating Sonship — A Test of Honour: A Social–Scientific Study of Luke 4:1–30" in *Modelling Early Christianity: Social–Scientific Studies of the New Testament in its Context* (ed.) P. F. Esler, London: Routledge, 1995:183–197.

Rohrbaugh R. L. (ed.), *The Social Sciences and New Testament Interpretation*, Peabody, Mass.: Hendrickson, 1996.

Runesson, Anders & Donald D. Binder, Birger Olsson (eds.) *The Ancient Synagogue from Its Origins to 200 C.E.: A Source Book*, Leiden: Brill, 2008.;

Sanders, Irwin, *Rural Sociology*. Englewood Cliffs, N.J.: Prentice–Hall. 1977.

Sanders. E. P. *Judaism : Practice and Belief, 63 BCE–66 CE*, London : SCM. 1992.

Schweizer, E. 'Formgeschichtliches zu den Seligpreisungen Jesu' NTS 19 1972/3: 121–5.

Seccombe, David P., *Possessions and Poor in Luke–Acts*, SNTU B6. Linz: Fuchs, 1983.

Schmithals, W., Das Evangelium nach Markus [Ökumenischer Taschenbuchkommentar zum Neuen Testament], Gütersloher Verlagshaus Mohn, Echter–Verlag, 1979.

Schwartz, Peter, *Art of the Long View: Planning for the Future in an Uncertain World*, Currency Doubleday, 1991 (피터 슈워츠, 미래를 읽는 기술, 박슬라 역, 서울: 비즈니스북스. 2004: 136).

Schwartz, Seth "Josephus in Galilee: Rural Patronage and Social Breakdown" in Fausto Parente & Joseph Sievers (eds.), *Josephus and the History of the Greco–Roman Period: Essays in Memory of Morton Smith*, Leiden: E. J. Brill, 1994: 290–308.

Scroggs, Robin. "Sociology and the New Testament". *Listening: Journal of Religion and Culture 21*, 1986: 138–47

Slatta, Richard W. "banditry" in Peter N. Sterns, ed., *Encyclopedia of Social History*, New York: Garland, 1994: 76–78.

Sloan, Robert Bryan *The Favorable Year of the Lord: A Study of Jubilary Theology in the Gospel of Luke*, Austin: Schola Press,

Smallwood, E. Mary, *The Jews Under Roman Rule: From Pompey to Diocletian: A Study in Political Relations* 2nd ed. Leiden: E. J. Brill, 1981: 539 et passim.; Leonard Victor Rutgers, "Roman Policy towards the Jews: Expulsions from the City of Rome during the First Century C.E.," Classical Antiquity 13. 1994: 58-59.

Soares Prabhu, G. M., *The Formula Quotations in the In fancy Narrative of Matthew*. (AnBib 63), Rome: PBI, 1976: 197-201.

Strange., James F. "The Art and Archaeology of Ancient Judaism" in *Judaism in Late Antiquity 1*, (ed.) J. Neusner, Leiden: E. J. Brill, 1995: 64-114

Strecker, G. "'euaggelion" EDNT II, 1991: 71

Stuhlmacher, P., (ed.), *The Gospel and the Gospels*, Grand Rapids: Eerdmans, 1991.

Stuhlmacher, P., "The Pauline Gospel" in *The Gospel and Gospels* (ed.) Peter Stuhlmacher, Grand Rapids: Eerdmans, 171-172.

Swetnam, J., "Some Observations on the Background of ṣaddîq in Jeremiah 23, 5a", Bib 46, 1965:29-40. 1965.

VanderKam, J. C., *Enoch and the Growth of an Apocalyptic Tradition*, CBQMS 16, Washington, D.C.: Catholic Biblical Association of America, 1984.

VanderKam, J. C., "1 Enoch, Enochic Motifs, and Enoch in Early Christianity" in *The Jewish Apocalyptic Heritage in Early Christianity* (eds) J. C. VanderKam & W Adler, Compendia Rerum Iudaicarum ad Novum Testamentum III (vol 4). Minneapolis: Fortress Press, 1996: 32-100.

Vorster, W. S., "1 Enoch and the Jewish Literary Setting of the New Testament: A Study in Text Types" in Neotestamentica 17, 1983:1-14.

Zander, Alvin., *The Purposes of Groups and Organization*, San Francisco: Jossey-Bass. 1985.

김성곤, 〈탈중심 이론(Decentering)〉, 문학비평용어사전, 국학자료원. 2006.

윌리엄 맥버니, 《열두 사도들의 발자취》, 서울: 솔로몬. 1991.

정용성, '누가-행전에 나타난 성전과 회당 (I)', 신약신학저널 4, 2001. 3월호.

______, '누가-행전에 나타난 가정과 집 (II)', 신약신학저널 6, 2001. 6월호.

______, '고넬료 이야기의 사회 공간적 함의(행 10.1-11.18), 성서사랑방 16, 2001 여름.

정재영, 《한국교회 10년의 미래: 한국교회가 주목해야 할 10가지 어젠다》, 서울: SFC. 2012.;

앤드루 토드헌터(글) & 린 존슨(사진), "사도들의 발자취를 따라서", 내셔널 지오그래픽 2012. 3.

클레이튼 M. 크리스텐슨, 《성장과 혁신》, 딜로이트 컨설팅 코리아 역, 서울: 세종서적, 2005.

최윤식, 《2020 2040 한국 교회미래 지도》, 서울: 생명의 말씀사, 2013.

한목협, 《한국 기독교 분석 리포트: 한국인의 종교생활과 의식조사 보고서》, 서울: 도서출판 URD, 2013.

나사렛 선언
Nazareth Manifesto

2016. 9. 1. 초판 1쇄 인쇄
2016. 9. 9. 초판 1쇄 발행

지은이 정용성
펴낸이 정애주
국효숙 김기민 김의연 김준표 김진원 박세정 박혜민
송승호 오민택 오형탁 윤진숙 임승철 임진아 이한별
정성혜 조주영 차길환 한미영 허은
펴낸곳 주식회사 홍성사
등록번호 제1-499호 1977. 8. 1.
주소 (04084) 서울시 마포구 양화진4길 3
전화 02) 333-5161
팩스 02) 333-5165
홈페이지 www.hsbooks.com
이메일 hsbooks@hsbooks.com
페이스북 facebook.com/hongsungsa
양화진책방 02) 333-5163

ⓒ 정용성, 2016

• 잘못된 책은 바꿔 드립니다.
• 책값은 뒤표지에 있습니다.
• 이 도서의 국립중앙도서관 출판예정도서목록(CIP)은
  서지정보유통지원시스템 홈페이지(http://seoji.nl.go.kr)와
  국가자료공동목록시스템(http://www.nl.go.kr/kolisnet)에서
  이용하실 수 있습니다.(CIP제어번호: CIP2016020642)

ISBN 978-89-365-1178-4 (03230)